Retournés
par l'amour divin

John Stroyan

Retournés par l'amour divin

Petit guide œcuménique de méditation

Préface de **Christian Krieger** - Postface de **Daniel Bourguet**

Veillez et priez
Éditions Olivétan

Récemment parus dans la même collection :

- Jacqueline Assaël, *L'humble beauté de Dieu, prier aux Abeillères ou à Pomeyrol* (2013)
- Daniel Bourguet, *Le silence de Dieu pendant la passion* (2013)
- Claude Caux-Berthoud, *Prier le temps d'une offrande* (2016)
- Flemming Fleinert-Jensen, *Aujourd'hui – non pas demain ! La prière de Kierkegaard* (2016)
- Daniel Bourguet, *Sur les bords du Jourdain, le Père, le Fils et l'Esprit saint* (2016)
- Daniel Bourguet, *Le dernier entretien avant la croix* (2018)
- Daniel Bourguet, *Nos frères les Pères du Désert* (2019)
- Daniel Bourguet, *L'humble divinité de Jésus dans l'évangile de Marc* – Tome 1 (2020)
- Daniel Bourguet, *L'humble divinité de Jésus dans l'évangile de Marc* – Tome 2 (2021)
- Daniel Bourguet (éd.), *Le moine Philémon de Gaza médite l'évangile de Marc* (2022)

Édition originale en anglais sous le titre : *Turned by Divine Love : Starting again with God and with others*, The Bible Reading Fellowship, Abingdon, Angleterre

Traduit de l'anglais par Pierre Blanzat

Cet ouvrage est publié avec le soutien de la fondation FLAM

Illustration de couverture du pasteur Dr P. Solomon Raj, détail du *Retour* (1987), batik, reproduit avec l'autorisation de son fils, Pulidindi Augustine Jyothi Raj

© Éditions Olivétan
20 rue Calliet
69001 Lyon – France
+33 (0) 472 000 854
https ://www.editions-olivetan.com

ISBN : 978-2-35479-586-3
Dépôt légal : 1er trimestre 2022

Préface à l'édition française

Pour un grand nombre de chrétiens, les dialogues œcuméniques paraissent souvent bien éloignés de leurs préoccupations quotidiennes. Le fruit du travail des théologiens et des accords ecclésiaux semble bien distant des questions qui jalonnent leur existence, nourrissent leur quête spirituelle, motivent leurs engagements, et donnent du souffle à leur témoignage. Ce livre de l'évêque de Warwick, John Stroyan, vient poser une belle pierre dans le jardin de celles et ceux qui seraient tentés par de telles pensées. En effet, sans les Accords de Reuilly, le présent opuscule n'avait aucune chance de voir le jour. Effectivement, sans cette déclaration de communion ecclésiale signée en 2001 entre d'une part les Églises luthériennes et réformées de France – alors l'Église réformée de France, l'Église évangélique luthérienne de France, l'Église de la Confession d'Augsbourg d'Alsace et de Lorraine et l'Église réformée d'Alsace et de Lorraine – et d'autre part les Églises anglicanes des îles britanniques, l'évêque John Stroyan et le pasteur Pierre Blanzat n'auraient probablement pas eu l'occasion de se rencontrer, et le premier d'offrir au second le livre qu'il venait d'écrire pour proposer le fruit de sa méditation, de sa quête spirituelle et de son travail théologique.

C'est dire que l'œcuménisme ne se laisse pas réduire à ce lieu frontière où l'on est confronté à ce qui différentie, où l'on se heurte à la manière dont l'Évangile se déploie et résonne dans le contexte d'une autre culture, où précisément on se frotte à l'altérité. L'œcuménisme est aussi, et peut-être même d'abord, ce lieu de rencontre où découverte de l'autre devient découverte de soi, et ainsi une formidable opportunité d'enrichissement mutuel. Car ultimement, dans cette communion qui peut naître de la prière commune, de l'étude commune de la Bible, du partage du pain et de la coupe, chacun ne peut qu'être amené à découvrir que tout chrétien se nourrit de la même source, et qu'une bénédiction particulière repose sur ceux qui ainsi, dans le partage, deviennent une grâce pour d'autres. C'est précisément l'horizon que propose ce livre commis par un évêque anglican et traduit en français par un pasteur protestant.

Au fil des pages se déploie un récit pétri de spiritualité, de prière, de vie intérieure. Ce riche et précieux reflet de la vie contemplative d'un évêque anglican ouvre au lecteur le vaste horizon des traditions chrétiennes et lui donne accès aux sources profondes de leurs spiritualités. Pas à pas, comme un véritable collectionneur de perles, l'auteur nous livre les pépites de spiritualité qu'il a glanées au fil de son propre pèlerinage. S'adressant tant à la tête qu'au cœur, l'auteur stimule la réflexion, nourrit la méditation, et ainsi pave le chemin de la rencontre avec Dieu. Il n'a de cesse d'inviter à se laisser saisir et transformer par la bouleversante dynamique de l'amour de Dieu. Constamment, John Stroyan invite au silence, cherche à nourrir la méditation et la prière, afin d'ouvrir le lecteur à la transcendance et l'inviter à y cueillir un regard bienveillant sur sa propre finitude. Frais, plein d'espérance, ce livre se présente comme un compagnon idéal pour un moment de méditation ou une retraite spirituelle.

En 2021, il n'a pas été possible d'organiser comme nous l'avions initialement envisagé la célébration du vingtième anniversaire des Accords de Reuilly. La pandémie n'a pas permis d'exprimer notre gratitude pour la page d'histoire qu'a initiée entre deux familles ecclésiales la signature de cette reconnaissance officielle de l'autre communauté comme expression pleine et authentique de l'Église du Christ. Toutefois, la parution en français de ce livre marque une belle étape de cette histoire. Avec elle, John Stroyan partage avec la francophonie le fruit de sa vie contemplative, et ce au moment où il quitte ses fonctions de *co-chair* du groupe de suivi des Accords de Reuilly. Cette présidence, il l'a menée avec une attention particulière à la prière commune, au partage biblique et à la célébration de l'eucharistie, y voyant des lieux privilégiés de l'approfondissement de notre communion en Christ. Cher John, j'exprime ici ma profonde gratitude pour ton ministère de *co-chair* du groupe de suivi des Accord de Reuilly et pour ces moments de fraternité chrétienne qu'il nous a été donné de partager ensemble. Je rends grâce à Dieu pour ces perles de spiritualité que tu nous offres et qui nous rappellent que les déclarations de communion d'Églises ouvrent des possibles, parfois insoupçonnés, quand nous acceptons l'invitation d'aller à la rencontre de l'autre pour cueillir les promesses encore inaccomplies.

Je termine en saluant l'initiative du pasteur Pierre Blanzat. Par cette traduction, il dégage quelque peu l'horizon œcuménique en mettant à disposition du lecteur francophone ces perles de spiritualité d'un évêque anglican. Un livre tout dédié à nourrir la quête spirituelle.

Christian Krieger
président de la Conférence des Églises européennes (KEK)
co-président du Reuilly Contact Group

Note du traducteur

Il est des lectures qui vous entraînent à vivre de manière très concrète une page d'Évangile ! Comme le marchand de la parabole, depuis de nombreuses années je suis en quête de perles. Plus précisément je cherche des livres à même de nourrir un temps de retraite spirituelle d'une semaine que j'ai la joie de partager chaque année avec quelques amis et membres de ma famille. Idéalement le format de ces livres doit être suffisamment court pour pouvoir être lu en quelques heures réparties au long d'une semaine, mais aussi suffisamment consistant pour donner du grain à moudre bien au-delà de cette respiration annuelle de prière et d'amitié. Notre groupe est œcuménique, très varié en termes de parcours de vie et de sensibilités théologiques, du coup je cherche des œuvres qui soient solidement enracinées dans la méditation de la Bible, tout en ouvrant à une expérience spirituelle concrète et contemporaine.

En février 2020, à l'occasion d'une rencontre à Édimbourg pour le dialogue entre anglicans et protestants, je découvre un livre récemment publié par John Stroyan, qui copréside depuis de nombreuses années notre groupe de dialogue. Comme j'apprécie la personnalité de son auteur, ma curiosité est piquée par son titre engageant : *Turned by divine love*. Après avoir parcouru rapidement le sommaire, j'ai l'intuition que ce livre pourrait recéler la perle que je cherche ! Plutôt que de le survoler en anglais, je me dis que j'en apprécierai davantage le contenu en prenant la peine de réaliser pour moi-même une traduction intégrale de cet ouvrage. Celui-ci se présente à la fois comme un itinéraire original et comme une véritable petite anthologie qui nous fait découvrir, à côté des Pères de l'Église, de véritables perles spirituelles tirées du patrimoine anglo-saxon. La pandémie mondiale, qui frappe et immobilise le monde quelques semaines plus tard, m'offre un espace-temps propice pour me lancer dans ce qui est tout de même une petite folie pour moi : non seulement je n'ai jamais été traducteur, mais de plus je suis complexé depuis toujours par un accent franchement pitoyable quand il me faut parler anglais ! Peu importe, avec une certaine inconscience, je me lance... tout en prenant la précaution de solliciter la relecture compétente de mon père, Marc Blanzat, licencié d'anglais, pasteur lui-même et ayant une certaine expérience du monde de l'édition et de la traduction. Lui aussi dispose d'un peu de temps alors qu'il vient juste de fêter ses 90 printemps, et c'est ainsi que nous avons pu mener à bien cette traduction lors des mois qui ont suivi. Je lui suis extrêmement reconnaissant, pour cette occasion à la fois inespérée et bénie de réaliser un genre d'œuvre commune, dans ces temps inédits de nos vies.

Dès que la situation sanitaire l'a rendu possible, notre petit groupe de retraitants a pu se réunir et naturellement j'ai proposé « d'expérimenter » la méditation de cette traduction lors de notre désormais traditionnelle semaine de « jeûne-marche-prière et amitié ». C'est donc grâce à l'écho encourageant de ces premiers lecteurs, à la relecture attentive des premiers correcteurs (merci Bernadette, Hélène, Michèle...) et à l'engagement des éditions Olivétan que ce texte est désormais accessible au public francophone. J'espère que le lecteur aura la joie d'y découvrir à son tour quelques perles à partager.

Pierre Blanzat

Note. La Bible est généralement citée suivant la traduction française de la Nouvelle Bible Segond. Une autre indication est parfois donnée :

LSR : Louis Segond révisée, dite « à la Colombe »
NFC : La Bible, nouvelle français courant
TOB : Traduction œcuménique de la Bible
TOB 2000 : Traduction œcuménique de la Bible, révision de 2000

Remerciements

Les réflexions qui suivent sont évidemment le fruit de nombreuses années d'une vie et d'un ministère vécu dans des contextes extrêmement variés. Un fil conducteur les traverse cependant : celui de l'unité des chrétiens, porté par la profonde conviction œcuménique que « l'Église doit apprendre à respirer à nouveau avec ses deux poumons, l'un oriental et l'autre occidental » (Jean-Paul II).

Ma propre vie intérieure et mon ministère ont été particulièrement enrichis par des échanges soutenus avec l'Église orthodoxe dans mon pays, mais aussi à l'étranger, notamment au mont Athos.

Ici, en Angleterre, un des précieux cadeaux que m'ont réservé ces vingt dernières années est l'amitié grandissante qui me lie au monastère orthodoxe Saint-Jean-Baptiste, dans l'Essex. Un lieu où Dieu est vraiment adoré et rencontré, notamment dans la pratique de la « Prière de Jésus ». Je suis très reconnaissant à son prieur, l'archimandrite Kyrill, pour l'hospitalité chaleureuse qu'il m'accorde si aimablement depuis tant d'années, ainsi qu'au père Zacharias pour son amitié et tout ce qu'il m'a apporté.

Je suis très reconnaissant à Paul Hunt, un véritable ami en Christ, qui m'a fait connaître ce monastère et en qui, depuis des années, j'ai vraiment trouvé un « compagnon de route ». C'est Paul qui m'a invité à animer avec lui la retraite spirituelle dans le désert du Sinaï, que j'évoquerai à plusieurs reprises dans ce livre.

Je me sens aussi très privilégié de compter pour ami le Dr Solomon Raj, pasteur de l'Église protestante luthérienne évangélique d'Andhra, en Inde, qui est aussi un artiste plein d'inspiration. Ses batiks et ses gravures sur bois illustrant des scènes de la Bible ont touché et inspiré de nombreuses vies, non seulement en Inde mais aussi dans le monde entier. Je lui ai commandé le batik qui figure sur la page de couverture : il illustre la tendresse et l'amour inconditionnel de Dieu pour tous ceux qui se tournent vers lui. Je suis infiniment reconnaissant à Solomon de m'avoir autorisé à publier cette œuvre.

Une source d'inspiration plus récente a été ma découverte de la communauté monastique œcuménique de Bose. Il s'agit d'un lieu plein de joie et d'hospitalité, mais aussi d'un authentique renouveau spirituel et œcuménique. Cette communauté, formée de frères et de sœurs dont beaucoup sont jeunes, est porteuse d'un témoignage rayonnant de foi et de renouveau. Je suis particulièrement reconnaissant à sœur Elisa d'avoir autorisé la reproduction de plusieurs icônes et peintures issues de leur atelier, et à sœur Lara qui est l'auteure de ces œuvres.

Dans mon entourage plus immédiat, je voudrais remercier Christopher, évêque de Coventry, et le diocèse de Coventry pour le temps sabbatique (mai-juillet 2017) qui m'a été accordé et qui a rendu possible la rédaction de ce livre. Je voudrais remercier également Kerry Vanston-Rumney, mon assistante, qui a eu fort à faire pour identifier les nombreuses citations de ce livre et s'assurer du respect des droits d'auteur.

Enfin, j'aimerais remercier ma femme Mary, à qui je dédie cet ouvrage.

Préface de l'auteur

> C'est en faisant demi-tour et en vous reposant que vous seriez sauvés, c'est dans la tranquillité et la confiance que serait votre force. Mais vous ne l'avez pas voulu !
>
> Ésaïe 30.15 (NBS)

Ces mots ont probablement été écrits à la fin du VIIIe siècle avant Jésus-Christ. À cette époque, le peuple de Juda est attaqué par l'Assyrie. Face à cette attaque et conscient de sa vulnérabilité évidente, le peuple se tourne vers l'Égypte pour obtenir de l'aide. Au lieu de chercher à faire confiance à la sagesse de Dieu, il élabore ses propres plans sans se référer à Dieu et sollicite la « protection du Pharaon ».

Dans les situations de crise, il est toujours tentant (peut-être même est-ce là notre réflexe le plus spontané) de chercher par nous-mêmes des solutions, sans chercher d'abord la sagesse de Dieu. Nous agissons ainsi, pensant que le réalisme ou l'expérience nous le suggèrent, ou tout simplement parce que nous sommes convaincus d'être les mieux placés pour savoir ce qu'il convient de faire. Un tel raisonnement révèle surtout que nous manquons d'une foi véritable, s'il est vrai qu'avoir la foi c'est écouter Dieu et lui faire confiance. De fait, une fois que nous avons conçu nos propres plans sans nous préoccuper une seconde de lui... nous demandons à Dieu de bien vouloir les bénir !

Or voici l'une des choses les plus merveilleuses que nous réserve la foi chrétienne : elle nous appelle sans cesse à tout recommencer. Il ne s'agit pas seulement de nous tourner vers le Christ une première fois, même si cela représente un moment crucial et décisif dans notre vie. Il s'agit de tout recommencer chaque jour. Chaque jour, Jésus nous appelle à prendre notre croix et à le suivre. Saint Antoine le Grand commençait chaque journée en prononçant ces mots : « Aujourd'hui, je commence à nouveau. » Ce livre parle de recommencer à zéro, de commencer tout à nouveau. Mais ce recommencement n'est pas une formule pieuse inaugurant chaque journée. Il s'agit d'un mouvement continu de retour vers Dieu. François de Sales écrivait à son directeur spirituel : « Offre-lui toute ton âme, mille fois par jour. » Il s'agit donc de se tourner vers Dieu, comme le tournesol se tourne continuellement pour rester face au soleil, pour s'orienter vers la lumière qui est la source de sa vie et de sa croissance.

Dr Elsie Briggs fut de mes grandes amies ; lorsque j'avais vingt ans, elle en avait quatre-vingts. Elle fut l'une des pionnières du mouvement des Julian's groups, qui se réunissent pour vivre ensemble la prière contemplative. Sa maison est aujourd'hui un centre de retraite à Westbury-on-Trym. C'était une personne d'une grande intelligence et une lectrice insatiable. Ceux d'entre nous qui la connaissaient bien l'ont souvent entendue se dire à elle-même (à voix haute !) : « Elsie, lis moins, médite davantage ! » Laisser Dieu parler à nos cœurs... N'est-ce pas là l'essentiel ? Luc nous dit que Marie « gardait tout cela dans sa mémoire et elle y réfléchissait profondément » (Luc 2.19 NFC).

Dans les pages qui suivent, des temps de pause seront proposés au cœur de chaque chapitre, afin de pouvoir méditer puis prier. Ces pauses de silence, offertes au fil du texte, seront comme un espace ouvert pour que Dieu vous parle, car c'est bien là le projet de ce livre. Je me souviens que saint Païssios de l'Athos avertissait ceux qui venaient à lui sur le danger de se précipiter dans la lecture de livres spirituels comme s'il s'agissait d'une sorte de course ou d'exploit. Il leur conseillait plutôt de porter leur attention sur une petite phrase de la parole de Dieu pour y réfléchir, au lieu de lire de nombreux livres à ce sujet.

Lorsque nous nous donnerons à Dieu de la manière qu'il désire, il saura comment nous offrir aux autres, ou, s'il le souhaite, nous garder pour lui.

Saint Basile de Césarée

Moïse face au buisson ardent (voir description p. 191)

Enlève tes sandales,
car l'endroit où tu te tiens est une terre qui m'appartient.
Exode 3.5 (NFC)

1. Se tourner pour regarder et voir

Que chacun fasse silence en présence du Seigneur !

Zacharie 2.17 (NFC)

Devant Dieu, ne te presse pas de parler, ne te hâte pas d'énoncer une parole ; Dieu est dans les cieux et toi, tu es sur la terre. Mesure donc tes paroles.

Ecclésiaste 5.1 (NFC)

Le silence est un mystère du siècle à venir, mais les mots sont des instruments de ce monde.

Saint Isaac le Syrien[1]

Un évêque du Ier siècle, Ignace d'Antioche, écrivait : « Il vaut mieux se taire et être, plutôt que de faire d'abondantes déclarations de foi et de ne pas être[2]. » Ces paroles très anciennes nous rappellent que, lorsqu'il y a trop de bruit, au propre et au figuré, autour de nous et en nous, nous éprouvons de grandes difficultés à simplement nous tenir « en silence » et à « être ». Nous avons du mal à faire une trêve et à nous tenir dans la présence de Dieu (Psaume 46.10). Si souvent nous nous laissons absorber par d'autres priorités. Evelyn Underhill[3], une enseignante et mystique anglicane, écrivait en 1936 que nous passons notre vie à « conjuguer trois verbes : vouloir, avoir et faire ». De tels désirs et activités, conclut-elle, nous maintiennent dans « une insatisfaction perpétuelle ; oubliant qu'aucun de ces verbes n'a de signification ultime, sauf dans la mesure où ils sont transcendés par le verbe fondamental «être» et inclus dans celui-ci ».

Mais que signifie être ? Notre époque semble avoir redécouvert la pleine conscience comme une nouveauté, alors que celle-ci puise aux racines les plus anciennes du christianisme : cela signifie simplement être présent, pleinement présent à ce qui est, au moment présent. Pour le chrétien, être présent à celui qui est, c'est être présent à Dieu. Dans l'iconographie orthodoxe, le visage du Christ Pantocrator est entouré des mots ὁ ὤν : « Celui qui est » (Apocalypse 1.8). C'est le nom même de Dieu, révélé à Moïse au buisson ardent (Exode 3), « je suis qui je suis », je suis « celui qui est ».

Ainsi être présent, c'est être présent à celui qui est toujours présent pour nous, mais à qui nous sommes si rarement présents nous-mêmes dans nos préoccupations. Dans ses *Confessions*, saint Augustin[4] le dit très simplement. S'adressant à Dieu, il évoque la vie qui était la sienne avant qu'il ne parvienne à la foi : « Tu étais avec moi, mais je n'étais pas avec toi. » Dans le même ordre d'idées, le mystique chrétien allemand Maître Eckhart (1260-1328) écrit : « Dieu est proche de nous, mais nous sommes loin de lui ; Dieu est au dedans, nous sommes au dehors ; Dieu est à la maison, mais nous sommes dans un pays lointain[5]. » Dieu est avec nous, mais bien souvent nous ne sommes ni vigilants, ni attentifs à sa présence.

Être, cependant, n'est pas simplement être attentif à la présence de Dieu. Il s'agit aussi, par la même occasion, d'être attentifs à ce qui se passe autour de nous et en nous. Il s'agit de vivre le moment présent ou, pour reprendre les mots du poète R.S. Thomas[6], « de ne pas se précipiter vers un avenir qui s'éloigne, ni se complaire dans un passé imaginaire ». Comme les Écritures nous le rappellent, il s'agit de l'immédiateté de l'aujourd'hui et du maintenant, comme par exemple dans les paroles du psalmiste, reprises plus tard dans la lettre aux Hébreux : « Aujourd'hui, si vous entendez sa voix, n'endurcissez pas vos cœurs » (Hébreux 4.7 TOB 2010). L'apôtre Paul reconnaît également l'urgence d'une réponse immédiate à la parole et à la présence de Dieu : « C'est bien l'heure de vous réveiller du sommeil » (Romains 13.11). « C'est maintenant le moment favorable ; c'est maintenant le jour du salut » (2 Corinthiens 6.2).

Combien de fois avons-nous tergiversé dans notre relation avec Dieu ? Notre esprit préfère se préoccuper du passé ou du futur, mais se dérobe au moment présent. Les Écritures, cependant, indiquent clairement que le temps propice pour répondre à Dieu est toujours le présent : ce moment même. Alors, à quel point sommes-nous attentifs au moment offert, à ce qui se passe autour de nous ou en nous ? Dans quelle mesure sommes-nous réellement attentifs à ce qui se passe sous nos yeux ? Qu'en est-il maintenant, à ce moment précis où nous sommes en train de lire ces mots ? Nous avons tous fait l'expérience de lire une page et de nous rendre compte que nous n'en avons rien retenu. Notre esprit s'évade ; il y a tellement de distractions en nous et autour de nous.

Théophane (dit le Reclus), saint russe du XIXe siècle, a décrit les pensées distrayantes qui nous habitent comme « des mouches qui bourdonnent un soir d'été[7] ». Mais ce ne sont pas seulement les pensées et les voix en nous qui réclament notre attention ; il existe aussi beaucoup de distractions extérieures… et nous choisissons d'être distraits par certaines d'entre elles.

Une fresque du peintre Banksy, à Bristol, illustre très bien une distraction typiquement contemporaine : on y voit deux jeunes qui s'embrassent… mais toute leur attention est captée par le téléphone portable que chacun tient derrière la tête de son amoureux ! C'est une image saisissante de l'emprise qu'exercent les sources de distraction sur notre attention, pour la plupart d'entre nous. À l'opposé, un tableau de Stanley Spencer illustre merveilleusement une scène d'attention extrême. Il peint un Christ potelé, barbu mais enfantin. À quatre pattes, il regarde avec une attention ravie quelques marguerites sur le sol. Il s'intitule *Christ dans le désert : considérez les lys*.

Avons-nous perdu cette capacité enfantine à nous arrêter, à admirer et à nous émerveiller de la création de Dieu ?

On pourrait se demander, avec le poète William Davies :

> Qu'est-ce donc que cette vie si, absorbés par nos soucis, nous n'avons plus le temps de nous arrêter et d'ouvrir les yeux[8] ?

L'art de Vincent van Gogh[9] était rempli d'une extraordinaire attention à la gloire de Dieu dans et par la création, comme en témoignent ses peintures de tournesols et d'iris. Il écrit à son frère Théo : « Nous devons admirer davantage. La plupart des gens n'admirent pas assez. »

Christ dans le désert : considérez les lys – Stanley Spencer (voir description p. 191)

Il décida de faire un détour pour aller voir [...] et découvrir.

Exode 3.3 (NFC)

Être, c'est aussi regarder, être attentif et voir. Moïse se retourne, regarde, et voit. Il voit un buisson enflammé par le feu de la gloire de Dieu. Dieu lui dit d'enlever ses sandales, car le sol sur lequel il se tient est saint. Les yeux de Moïse s'ouvrent pour voir la gloire de Dieu dans et à travers la création de Dieu, à ce moment précis et en ce lieu particulier (on pense qu'il s'agit du site où se trouve aujourd'hui le monastère Sainte-Catherine, dans le désert du Sinaï). Les paroles de Dieu à Moïse sont également particulières : « Je suis le Dieu de ton père, le Dieu d'Abraham, le Dieu d'Isaac et le Dieu de Jacob » (Exode 3.6). L'amour universel de Dieu révélé à et par Abraham, Isaac et Jacob se révèle en même temps à chacun de nous personnellement – en tant qu'enfants de Dieu particuliers et uniques.

De plus, le Dieu qui nous rencontre personnellement à un moment et en un lieu donné est aussi le Dieu qui est avec nous à tout moment et en tout lieu. La Terre sainte n'est pas simplement la terre des rencontres passées de Dieu avec des personnes particulières dans des lieux particuliers, le genre de lieu où nous irions en pèlerinage, c'est la terre sur laquelle nous nous trouvons réellement, où que nous soyons. Les poètes, inspirés par l'histoire du buisson ardent, l'ont bien reconnu. « La terre est pleine du ciel, écrit Elizabeth Barrett Browning[10], mais seul celui qui voit enlève ses sandales. » Dans « The Bright Field », R.S. Thomas[11] a saisi quelque chose de ces moments de transcendance qui traversent de façon fugitive la création de Dieu :

> C'est un retournement, comme celui de Moïse devant le miracle du buisson ardent, devant un éclat qui vous a paru aussi éphémère que votre jeunesse passée, et qui est pourtant l'éternité qui vous attend.

Dans le même ordre d'idées, Gerard Manley Hopkins[12] écrit : « Le monde est tellement plein de la grandeur de Dieu qu'il flamboie comme un feuillage agité au soleil. » Comme il est dit ou chanté dans la grande prière d'action de grâce de la liturgie eucharistique : « Le ciel et la terre sont remplis de ta gloire. »

En revenant d'une retraite silencieuse que j'avais conduite dans le désert du Sinaï, mes bottes étaient couvertes de sable. D'une façon peut-être un peu puérile, je ne les ai pas nettoyées pendant un certain temps, pensant que certains des grains de sable sur mes bottes étaient peut-être le sable sur lequel Moïse se tenait, pieds nus. Cela me donnait à réfléchir. J'ai pensé qu'il serait bon de de me servir d'une de ces bottes dans un sermon pour nous aider à réfléchir à la rencontre de Dieu avec Moïse au buisson ardent. Je me suis effectivement servi d'une de ces bottes recouvertes de sable du Sinaï, mais aussi d'une de mes bottes en caoutchouc trempées dans la boue du comté de Warwick. La terre sainte de Dieu est la terre sur laquelle nous nous tenons, qui que nous soyons et où que nous soyons. Tout comme nous n'avons pas à être ni à essayer d'être quelqu'un d'autre pour que Dieu nous aime, nous n'avons pas besoin d'être ailleurs pour que Dieu nous rencontre. Sur ce dernier point, Esther de Waal[13], réfléchissant sur le vœu bénédictin de stabilité, écrit : « La raison de la stabilité ? Dieu n'est pas ailleurs. »

La prière quotidienne orthodoxe commence ainsi : « Roi céleste, Consolateur, Esprit de vérité qui es partout et qui remplis toutes choses... viens. » Peut-être plus important encore : la terre sainte de

Dieu est ce qui est si profond et indéracinable en chacun de nous, qui sommes faits à l'image de Dieu. C'est là que Dieu, dans son amour et sa grâce, choisit de venir et de vivre. Jésus dit : « Demeurez unis à moi, comme je demeure uni à vous » (Jean 15.4 NFC).

Une pause pour réfléchir…

Lorsque nous voulons réfléchir, nous devons ralentir. Nous ne pouvons pas réfléchir dans la précipitation. Nous pouvons donc faire une pause, respirer un peu plus profondément et ensuite, dans la prière, chercher ce que Dieu pourrait vouloir nous dire dans le silence ou à travers les mots que nous lisons. Il est préférable de s'en tenir à une phrase, ou à un passage de l'Écriture, et d'y consacrer du temps plutôt que d'avancer rapidement en croyant à tort que plus on avance, plus on accomplit de choses. En matière de réflexion, moins c'est plus !

Lâchez les armes ! Reconnaissez que je suis Dieu !

Psaume 46.11 (TOB)

Il est impossible que l'eau boueuse devienne claire si elle est constamment remuée.

Nil d'Ancyre[14]

La place que Jésus prend dans notre âme, il ne la quittera jamais, car c'est en nous que se trouve sa vraie demeure, et son plus grand bonheur est d'y habiter.

Mère Julienne de Norwich[15]

… et une pause pour prier

Et moi, je suis avec vous tous les jours, jusqu'à la fin du monde.

Matthieu 28.20 (TOB)

Laissez le passé à la miséricorde infinie de Dieu, l'avenir à sa bonne providence ; donnez le présent entièrement à son amour.

Jean-Pierre de Caussade[16]

Tenons-nous maintenant en silence en présence de Dieu et demandons à l'Esprit saint de nous aider à prendre conscience de la présence de Dieu en nous et autour de nous.

Voir

Moïse fit un détour pour aller voir et pour découvrir. Notre pèlerinage de chrétiens est un voyage vers la vue. C'est un cheminement pour voir à nouveau, pour voir plus vrai, pour commencer à voir comme Dieu voit. Ce cheminement vers la vue commence et continue sur terre et s'achèvera au ciel. Paul écrit : « Aujourd'hui, nous voyons au moyen d'un miroir, d'une manière confuse, mais alors ce sera face à face » (1 Corinthiens 13.12). Jean écrit : « Quel que soit le moment de sa manifestation, nous serons semblables à lui, parce que nous le verrons tel qu'il est » (1 Jean 3.2). Les disciples - *mathetes* dans le grec du Nouveau Testament - sont par définition des apprenants. Où que nous en soyons sur notre chemin de foi, il y a pour chacun de nous toujours plus à apprendre. Toujours plus à voir. Il s'agit pour chacun de nous de grandir toujours plus en Christ (Éphésiens 4.15). Il s'agit pour chacun de nous, et pour nous tous, de grandir toujours plus dans la grâce et la connaissance de Jésus-Christ (2 Pierre 3.18). Pour cet apprentissage, pour cette croissance, pour que nos yeux s'ouvrent, nous avons besoin de l'aide de Dieu. Nous avons besoin du Saint-Esprit pour nous conduire à la vérité (Jean 16.13). Jésus dit à Nicodème : « En vérité, en vérité, je te le dis : à moins de naître de nouveau, nul ne peut voir le royaume de Dieu » (Jean 3.3 TOB). En d'autres termes, nous avons besoin de l'aide de Dieu pour voir.

Le poète et mystique chrétien William Blake (1757-1827) écrit : « Si les portes de sa perception étaient nettoyées, tout apparaîtrait à l'homme tel que c'est : infini[17]. » Nos « portes de perception », les yeux à travers lesquels nous regardons, sont aveuglés. Notre vue est forcément partielle. Cela peut être dû à nos préjugés individuels ou collectifs, qu'ils soient conscients ou non. Cela peut également être dû à ce que Jésus a appelé « la poutre » dans notre propre œil, qui nous incite à voir d'abord les péchés des autres plutôt que de reconnaître et de confesser ce qui, en nous, nous empêche de voir vraiment. Sans l'Esprit saint, l'Esprit de vérité, nous ne pouvons pas voir notre propre cécité spirituelle.

Cela signifie que commencer à voir, c'est commencer à voir... que nous ne voyons pas. Pour Saul, en route vers Damas pour arrêter des chrétiens, il était clair qu'il faisait la volonté de Dieu. C'est ainsi qu'il voyait les choses. À ce stade, il ne pouvait pas voir qu'il ne voyait pas. Ce n'est que lorsqu'il a été aveuglé physiquement par la lumière de la gloire de Dieu qu'il a pu commencer à voir la réalité de sa propre cécité spirituelle. Puis, lorsque ses yeux ont été ouverts par la prière et l'imposition des mains d'Ananias, Paul a pu commencer à voir vraiment, cette fois-ci non seulement physiquement mais aussi pour la première fois spirituellement. Plus tard, dans sa correspondance avec les communautés chrétiennes naissantes qu'il a fondées, il opposera sa façon de voir quand il était Saul – « selon la chair » (*kata sarka*) ou « d'une manière humaine » (2 Corinthiens 5.16 NFC) – à la façon nouvelle, qu'il décrit comme « selon l'Esprit » (*kata pneuma*) (Romains 8.5). Il utilise le vocabulaire de la vision spirituelle lorsqu'il prie pour les chrétiens d'Éphèse afin que Dieu « ouvre vos yeux à sa lumière, afin que vous compreniez à quelle espérance il vous a appelés » (Éphésiens 1.18 NFC).

Nos résistances face à la vérité

Regardons la réalité en face. Voulons-nous vraiment voir ? Voulons-nous permettre à Dieu de changer notre façon de voir les choses ? Souhaitons-nous vraiment – honnêtement – nous laisser transformer par le renouvellement de notre intelligence (Romains 12.2), pour voir les choses différemment ? Sommes-nous en fait, même si nous nous en défendons, comme ceux qui disent : « Dites-nous des choses agréables, annoncez-nous des contrevérités » (Ésaïe 30.10 NFC) ? Ne cherchons-nous pas, en premier lieu, la compagnie de ceux qui nous conforteront dans nos propres points de vue ? Serait-il impensable que nous, qui nous estimons si éclairés, soyons de ceux qu'Ésaïe (et Jésus en Matthieu 13.13) décrit comme ceux qui « voient toujours, mais ne perçoivent jamais » (6.9) ? Si nous écartons bien vite une telle éventualité, n'est-ce pas révélateur de ce que nous sommes, et de la conscience que nous en avons ?

Après tout, la plupart d'entre nous ne regardent la vérité en face qu'à « coups de pied au derrière », par la force des choses. On connaît la célèbre phrase de T.S. Eliot : « L'humanité ne supporte pas bien la réalité[18]. » Nous préférons nous voir, voir les autres, et même Dieu, comme nous choisissons de les voir. Nous préférons notre version de la réalité plutôt que la vérité dont Jésus dit qu'elle nous rendra libres (Jean 8.32). W.H. Auden décrit bien cette résistance en nous :

> Nous préférons être perdus plutôt que changés.
> Nous préférons mourir dans nos terreurs
> plutôt que prendre la croix qui se présente alors,
> et laisser mourir nos illusions[19].

Mais c'est ce que fait le Saint-Esprit. Le Saint-Esprit nous conduit hors de nos illusions vers la vérité – généralement de façon pas très agréable. C'est ce qui s'est produit bien des fois dans la vie de l'apôtre Pierre. Quand, dans Actes 10, nous voyons comment sa vision du monde est à nouveau bouleversée, il a déjà dû voir mourir nombre de ses illusions. Pierre « savait », il était sûr que le Messie n'aurait jamais à souffrir et à mourir, et il l'avait dit à Jésus, jusqu'à ce qu'il soit violemment réprimandé et même appelé « Satan » pour l'avoir dit (Matthieu 16.22-23). Pierre « savait » qu'un rabbin, un professeur, ne devait jamais laver les pieds de ses disciples, ni un maître ceux de son esclave. Il dit donc à Jésus : « Non, Seigneur, tu ne me laveras jamais les pieds », jusqu'à ce qu'il entende Jésus, son Seigneur et Maître, lui répondre : « Si je ne te lave pas, tu n'as pas de part avec moi » (Jean 13.8). Pierre « savait » que lui, plus que tous les autres apôtres, ne pourrait jamais renier Jésus, et c'est pourquoi il avait dit à Jésus : « Je ne te renierai jamais » (Marc 14.31).

Peu de temps après, l'ayant trois fois renié comme Jésus le lui avait prédit, nous le trouvons en train de pleurer amèrement (Luc 22.62). Et sûrement, à ce moment de profonde contrition, Pierre, dont la vie de disciple du Christ n'était qu'une série d'échecs, Pierre qui, avec Jacques et Jean, s'était endormi pendant l'agonie de Jésus dans le jardin (Matthieu 26.40), Pierre « savait » qu'il ne pouvait être question qu'il devienne en personne le chef de l'Église. Mais, quelques jours plus tard, le Seigneur ressuscité l'a rencontré et l'a chargé de « prendre soin de ses agneaux », « d'être le berger de ses brebis », de « prendre soin de ses brebis » (Jean 21.15-17). Tout cela bien avant qu'il n'ait appris, vu et témoigné, à son grand étonnement, que « même les païens » font l'expérience du don de l'Esprit saint. Nous sommes appelés, en tant que disciples, à apprendre et à continuer d'apprendre. Nous avons toujours davantage à découvrir.

Une pause pour réfléchir…

Réfléchir, ce n'est pas tant penser que ruminer. Ruminer, comme une vache qui rumine, c'est recevoir davantage de nourriture des mots que nous lisons. C'est permettre aux mots d'aller plus loin, leur permettre de parler à notre cœur et pas seulement à notre tête. Saint Benoît commence ainsi le prologue de sa Règle : « Écoute attentivement… et ouvre les oreilles de ton cœur. »

J'étais aveugle, maintenant je vois.

Jean 9.25

Je crois qu'aucun homme ne comprend ses propres esquives pour échapper à l'ombre inexorable de la connaissance de soi.

Joseph Conrad[20]

Demandons à l'Esprit saint de nous aider à voir à travers les yeux de Dieu, pour éclairer « les yeux de nos cœurs » (Éphésiens 1.18).

Aide-nous à désapprendre ce qui n'est pas de toi et à apprendre ce que tu nous enseignes. Aide-nous à « croître à tous égards » (Éphésiens 4.15).

Pardonne-nous, Seigneur, si nous avons cessé de croire que nous avons encore beaucoup à apprendre. Pardonne-nous, Seigneur, si nous essayons de nous nourrir de la manne d'hier, en ne faisant pas confiance à ta manne fraîche pour aujourd'hui (Exode 16).

QUESTION

Y a-t-il des choses que nous pouvons voir maintenant, grâce à l'Esprit saint, l'Esprit de vérité, que nous ne pouvions pas voir avant ?

Dans le désert

> Je vais la séduire ; je la conduirai au désert et je parlerai à son cœur.
>
> Osée 2.16

> Venez à l'écart, dans un lieu désert, et reposez-vous un peu.
>
> Marc 6.31

> C'est dans les déserts du cœur
> que la fontaine de guérison jaillit.
>
> W.H. Auden[21]

Lorsque nous regardons les Écritures, et peut-être aussi lorsque nous réfléchissons à notre propre vie, nous voyons – généralement après coup – que c'est souvent l'Esprit de Dieu qui nous conduit, ou nous pousse, ou simplement nous permet de passer du temps dans le désert. C'est-à-dire que c'est dans le désert que nous (re)découvrons que nous ne pouvons pas « déterminer les choses », que nous ne pouvons en aucun cas nous « sauver ». Dans le désert, tôt ou tard, nous découvrons que nos propres ressources ne suffisent pas. Nous découvrons que ce qui nous est nécessaire ne vient pas de nous-mêmes et que, selon les mots de l'apôtre Paul, « notre capacité vient de Dieu » (2 Corinthiens

3.5). Dans ces moments-là, nous devons nous jeter, nous et notre vie, dans la miséricorde de Dieu et de Dieu seul. Nous devons nous confier tout entiers à Dieu et à Dieu seul. Mais je me confie en toi, Seigneur, en disant : « Tu es mon Dieu. Mes temps sont dans ta main » (Psaume 31.15-16).

C'est l'Esprit de Dieu à l'œuvre en Moïse qui a conduit le peuple d'Israël de l'Égypte à travers le désert vers la terre promise. Dans le désert, les Hébreux ont découvert et affronté leur propre incrédulité et leur idolâtrie. Ils ont dû découvrir que la volonté et le don de Dieu pour eux, s'ils avaient la foi, étaient une bénédiction bien plus grande que leurs propres projets de vie (Deutéronome 8.2-16 ; Psaume 106.14-15). Dans leur incessant manque de foi, ils étaient prêts à tout abandonner pour retourner aux « marmites de viande d'Égypte », plutôt que de se fier aux promesses de Dieu et à ses réalisations pour eux. Plus tard dans leur histoire, dans le livre du prophète Osée, Dieu, dans son amour, appelle son peuple à aller dans le désert pour lui parler avec « tendresse » (Osée 2.21 TOB).

Jésus de Nazareth, tout juste oint comme le Christ lors de son baptême, a été immédiatement conduit par l'Esprit dans le désert. Le mot grec utilisé par Marc, *ekballei*, est l'un de ceux d'où vient le mot « balistique ». Le Saint-Esprit pousse Jésus dans cette période d'épreuve dans le désert, où il était avec les bêtes sauvages et où les anges le servaient. Le désert est l'endroit où nous faisons face aux réalités ultimes. C'est également le Saint-Esprit qui conduit le jeune Paul, fraîchement baptisé de l'Esprit, avant qu'il ne se mette en route pour ses voyages missionnaires, dans le désert d'Arabie (que l'on croit situé au sud de Damas). Il savait qu'il avait besoin de temps seul avec Dieu avant de s'engager avec les autres :

> Quand il a plu à Dieu, [...] sans consulter personne, sans même monter à Jérusalem pour voir ceux qui étaient apôtres avant moi, je suis parti pour l'Arabie.
>
> Galates 1.15-17

Si nous voulons vraiment choisir la vie – la « vie en plénitude » dont parle Jésus – le désert, semble-t-il, est une étape incontournable de notre cheminement. C'est si souvent dans les lieux désertiques et inconfortables de notre vie que nous commençons à voir à nouveau, ou du moins à voir un peu plus clair. Le désert est peut-être le seul lieu où nous ne pouvons échapper ni à nous-mêmes ni à Dieu. C'est un lieu où nous ne pouvons pas facilement nous cacher la vérité, comme nous parvenons à le faire au milieu des distractions et de l'agitation de notre vie quotidienne. C'est un lieu où l'on peut faire le point. Loin d'être un lieu où l'on peut esquiver la vérité, c'est un lieu où l'on peut y faire face, entrer plus pleinement dans cette vérité qui nous rend libres. Il est rare que ce soit confortable car, tôt ou tard, dans le désert, nous devons affronter notre propre pauvreté intérieure, notre agitation comme notre aridité, et reconnaître la vacuité de nos vanités trompeuses. En somme, c'est un lieu où nous découvrons notre besoin de Dieu. Mais voici la bonne nouvelle de l'Évangile : le désert, lieu où nous reconnaissons notre besoin de Dieu, est aussi un lieu d'espérance et, comme le promet Jésus, un lieu de bénédiction (Matthieu 5.3).

Avant que je co-anime ce pèlerinage et cette retraite silencieuse dans le désert du Sinaï, on nous avait mis en garde contre les scorpions et les serpents que nous pourrions rencontrer ; on nous avait dit de vider nos chaussures, nos chaussettes et nos sacs de couchage avant d'y entrer. Mais beaucoup d'entre nous étaient plus préoccupés par les « serpents et les scorpions » que nous pourrions découvrir en nous-mêmes, alors que nous allions passer autant de temps dans le silence du désert, loin des occupations et de l'agitation qui nous préservent de toute révélation douloureuse. C'est là, dans le désert, dépouillés de toute illusion d'autosuffisance, dans cette pauvreté d'esprit, que nous expérimentons sans aucun doute notre dépendance totale de la grâce et de la miséricorde de Dieu. C'est là que nous pouvons devenir réceptifs à la présence de Dieu et à une parole neuve de sa part.

Le désert implique l'attente, et parfois beaucoup d'attente. Le temps est remis complètement en question : ma notion du temps, ma façon d'attendre, en particulier quand le temps tarde avant que Dieu agisse. Dans le désert, nous découvrons que la vie chrétienne ne peut jamais être vraiment vécue en se disant « Dieu, mais à mes conditions ». Elle ne peut l'être qu'en acceptant que ce soit « Dieu, à ses conditions à lui » ! Dans le désert, nous sommes réduits à vivre dans un lieu d'impuissance, vivre une crucifixion de notre moi égoïste. Nous n'avons pas d'autre choix que de remettre pleinement notre vie à Dieu. Mais la bonne nouvelle de l'Évangile est que Dieu promet de faire précisément ce que nous ne pouvons pas faire sans lui. Ainsi, dans de nombreuses prophéties d'Ésaïe, Dieu promet-il de rendre le désert fertile : « Je changerai le désert en étang et la terre desséchée en sources » (Ésaïe 41.18 ; voir aussi 32.16 ; 35.1). Dieu promet de faire ce qui est humainement impossible, de faire ce que nous ne pourrions jamais faire par nous-mêmes :

> Il fendit des rochers dans le désert, et leur donna à boire de l'eau en abondance, comme celle des abîmes. Du roc il fit sortir des ruissellements, et fit descendre de l'eau comme des fleuves.
>
> Psaume 78.15-16

Dans le désert, dans la grâce de Dieu, nous pouvons éprouver cette soif profonde que seul Dieu peut satisfaire ; et Dieu, qui « a soif que l'on ait soif de lui » (Grégoire de Nazianze), répondra. « Les pauvres et les déshérités cherchent de l'eau, et il n'y en a pas ; leur langue est desséchée par la soif. Moi, le Seigneur, je leur répondrai » (Ésaïe 41.17). Nous pourrions donc dire que, pour ceux qui ont vraiment faim et soif de Dieu, la seule chose pire qu'avoir du temps dans le désert serait de ne pas en avoir !

Pour la plupart d'entre nous, bien sûr, le désert ne sera jamais un lieu géographique de soleil et de sable brûlant ni un autre pays. Le désert est en nous et autour de nous. Dans notre cheminement chrétien, nous n'avons besoin ni de sable ni de soleil, ni d'une forêt (comme en Russie), ni d'une montagne (comme le mont Athos). Le désert est une traduction du mot *eremos* du Nouveau Testament, qui a donné le mot « ermite ». Dans la tradition chrétienne, un ermite est celui qui prie Dieu, tout seul. Jésus se lève tôt pour aller prier dans « un endroit désert » (Marc 1.35). Il appelle ses disciples à s'éloigner du bruit et des attentes de la foule pour aller dans « un lieu désert » (Marc 6.31). Nous avons besoin de temps pour être seuls avec Dieu. Le mot « moine » vient de *monos*, qui signifie également « seul ». Nous ne sommes peut-être pas appelés à être moines, moniales ou ermites, mais nous sommes tous appelés, chaque chrétien est appelé à avoir une dimension monastique dans sa vie.

Le temps passé seul avec Dieu dans « l'endroit désert » n'est pas seulement souhaitable, il est essentiel. C'est un élément fondamental de la prière, et donc aussi de notre relation avec Dieu et avec le monde qu'il a créé. Jésus ne pouvait pas être plus clair à ce sujet. « Mais toi, quand tu pries, entre dans la pièce la plus retirée, ferme la porte et prie ton Père qui est dans le secret » (Matthieu 6.6). Trois fois en une courte phrase, Jésus souligne que la prière doit être faite loin des yeux du public, et pas seulement loin des yeux du public, mais loin de tous les yeux, y compris les yeux de l'Église. « Entre dans la pièce la plus retirée » – « ferme la porte » – « prie ton Père qui est dans le secret ». De cette vie cachée en Christ découle un témoignage fécond de l'amour de Dieu en Christ : « Vous êtes morts, et votre vie est cachée avec le Christ en Dieu » (Colossiens 3.3), et ainsi en est-il de notre vie dans le Christ. « Celui qui demeure en moi comme moi en lui, celui-là porte beaucoup de fruit ; hors de moi, en effet, vous ne pouvez rien faire », dit Jésus (Jean 15.5).

J'ai entendu dire, un peu malicieusement, que l'Église d'Angleterre serait comme une piscine où ceux qui font le plus de bruit seraient ceux qui se trouvent dans la partie la moins profonde... Mais ce bruit ne sera pas superficiel si c'est un bruit joyeux et s'il est vraiment offert à Dieu. Certes, les psaumes sont remplis d'exhortations à rester tranquille et à se taire en présence de Dieu (Psaume 37.7 ; 46.10 ; 62.1). Mais les psaumes nous appellent ailleurs à louer Dieu non pas *sotto voce*, mais *fortissimo* : « Acclame le Seigneur, terre entière ! Éclatez en cris de joie, chantez ! » (Psaume 98.4 ; 100.1) ; « Avec des trompettes et au son de la trompe, lancez des acclamations devant le Roi, le Seigneur ! » (Psaume 98.6) ; « Acclamez-le avec les cymbales sonores, acclamez-le avec les cymbales éclatantes ! » (Psaume 150.5 NFC). Je crois que c'est Mozart qui a dit : « La musique n'est pas dans les notes, mais dans le silence entre les notes. » La musique a besoin de silence pour être ce que la musique peut être. De la même manière, nous pourrions dire que la participation fructueuse à la mission de Dieu découle du temps passé avec Dieu « dans le lieu du désert ». Élie entend la parole de Dieu non pas dans le vent, le tremblement de terre ou le feu, mais dans « une voix de fin silence » (1 Rois 19.12 TOB). La parole de Dieu pour nous, à travers nous, vient du temps que nous prenons à demeurer dans le silence de Dieu.

Sainte Anne (voir description p. 191)

Une pause pour réfléchir…

Réfléchir, ce n'est pas tant penser avec notre tête que recevoir dans notre cœur. Réfléchir à la parole de Dieu dans les Écritures est une forme profonde de prière dans laquelle nous permettons à Dieu de nous parler, de nous nourrir de l'intérieur et ainsi de nous faire vivre, de nous inspirer et de nous équiper. L'apôtre Paul nous invite à « laisser la parole du Christ habiter en [nous] avec toute sa richesse » (Colossiens 3.16). Jésus dit : « Si vous demeurez en moi, et que mes paroles demeurent en vous, demandez tout ce que vous voudrez, et cela vous arrivera » (Jean 15.7).

Silence, toute créature, devant le Seigneur, car il se réveille et sort de sa demeure sainte.

Zacharie 2.17 (TOB)

Nous ne serons jamais en sécurité sur la place du marché si nous ne sommes pas chez nous dans le désert.

Cardinal Basil Hume[22]

Tout le malheur des hommes est de ne savoir pas demeurer en repos dans une chambre.

Blaise Pascal[23]

… et une pause pour prier

Pour Dieu seul, mon âme attend en silence.

Psaume 62.1

Laisse tomber les perles de rosée du silence,
jusqu'à ce que tous nos efforts cessent ;
ôte de nos âmes la tension et le stress,
et que nos vies ordonnées confessent
la beauté de ta paix.

John Greenleaf Whittier[24]

Enseigne-nous, Seigneur Dieu, à faire taire nos voix et à apaiser nos esprits, afin que nous puissions entendre dans nos cœurs le murmure de ton Esprit saint.

QUESTION

La question que Jésus nous a posée : « L'un d'entre vous peut-il, en s'inquiétant, ajouter une seule heure à son espérance de vie ? » (Matthieu 6.27).

Le retour – Solomon Raj (voir description p. 191)

Comme il était encore loin, son père le vit et fut touché de compassion, il courut se jeter à son cou et l'embrassa.

Luc 15.20 (LSR)

2. Se tourner vers le Christ : la repentance

Repentance et miséricorde

Heureux les miséricordieux, car ils obtiendront miséricorde.

Matthieu 5.7 (LSR)

Souvenez-vous de cela et vous ne jugerez plus : Judas était un apôtre et le voleur crucifié à la droite du Christ était un meurtrier. Quelle transformation en un instant !

Saint Jean Climaque[1]

Alors que l'Église a souvent été perçue et même vécue comme davantage portée au jugement qu'à la miséricorde, Jésus a été un sujet de scandale – surtout pour les religieux – non pas à cause de son intransigeance mais à cause de sa miséricorde. En effet, sa colère était surtout dirigée contre ceux qui semblaient inconscients du profond besoin qu'ils avaient de la miséricorde de Dieu, et qui portaient un jugement moralisateur sur les autres.

Il y a de nombreuses années, j'ai participé à la représentation théâtrale d'un mélodrame victorien : *Sweeney Todd*. J'y jouais le méchant Todd. Dans le théâtre victorien, comme dans la pantomime contemporaine, la tradition est de siffler ou de huer le méchant quand il ou elle entre en scène, et d'acclamer le héros ou l'héroïne. Nous avons fait une tournée avec ce spectacle dans de nombreux lieux où, en tant que Todd, j'ai donc été dûment sifflé et le héros a été dûment acclamé. Le dernier endroit où nous avons donné une représentation était la prison de Perth. Là-bas, les choses se sont passées différemment. Quand je suis monté sur scène, on m'a acclamé. Quand le héros est entré en scène, il a été hué. Mais le chahut le plus fort a été, et de loin, celui qui a accompagné l'entrée du juge !

Bien évidemment le monde ne se divise pas entre des « bons » et des « méchants ». Le grand écrivain russe Alexandre Soljénitsyne a été envoyé dans un camp de travail pour avoir dénoncé ouvertement la corruption du communisme en Union soviétique. Il a été célébré par l'Occident pour sa critique aussi incisive que prophétique, et il a été expulsé d'Union soviétique en 1974. Lorsqu'il a fait l'expérience du mode de vie américain, il a dénoncé la vacuité spirituelle et le matérialisme de la culture occidentale. Parmi ceux qui, en Amérique du Nord, avaient applaudi sa critique du communisme, beaucoup n'ont guère apprécié sa critique du consumérisme capitaliste. Soljénitsyne n'aurait jamais cautionné la diabolisation réciproque de l'Est et de l'Ouest ou, le cas échéant, de n'importe quelle autre idéologie. Il écrivait : « Peu à peu, il m'a été donné de réaliser que la ligne de démarcation entre le bien et le mal ne passe pas entre les États, ni entre les classes, ni entre les partis politiques, mais bien au cœur de chaque homme[2]. » Diaboliser ou juger les autres renforce notre tendance à nous justifier, et nous permet de ne pas regarder en face et de ne pas reconnaître ce que Jésus a appelé « la poutre » dans notre œil (Matthieu 7.5). Non seulement le jugement que nous portons sur les autres découle de notre propre aveuglement spirituel, mais il vient encore l'aggraver. D'après la mère Julienne de Norwich :

> Le fait d'avoir les yeux fixés sur le péché d'autrui obscurcit notre vision spirituelle, à moins que nous ne regardions ce pécheur avec contrition, compassion et un saint désir de Dieu pour lui. Sinon, cela finit par nuire, inquiéter et déranger l'âme de celui qui regarde ces péchés[3].

Lorsque Simone Weil a rejoint la lutte républicaine lors de la guerre civile espagnole, elle a été bouleversée par le degré de violence dont elle était témoin, une violence exercée par des êtres humains contre d'autres êtres humains. Elle a été encore plus choquée lorsqu'elle a pris conscience de ceci :

> Je porte en moi-même le germe de tous les crimes ou presque. [...] J'en sentais en moi-même la possibilité ; c'est même parce que j'en sentais en moi-même la possibilité qu'ils me faisaient horreur[4].

Ceux qui se précipitent pour lapider la femme adultère, comme nous le rapporte Jean 8, sont littéralement brisés dans leur élan par les paroles de Jésus : « Que celui de vous qui est sans péché lui jette le premier une pierre » (Jean 8.7). On remarquera que ce sont les plus âgés parmi les accusateurs, probablement ceux qui ont une meilleure connaissance d'eux-mêmes, qui sont les premiers à s'en aller. C'est à cette conscience de ce que nous sommes qu'Isabella fait appel, dans la pièce de Shakespeare *Mesure pour mesure*, lorsqu'elle plaide auprès d'Angelo pour la vie de son frère, Claudio.

> Comment vous sentiriez-vous
> si celui qui est le roi du jugement ne vous jugeait
> que sur ce que vous êtes ?
> Pensez-y
> et le pardon viendra sur vos lèvres,
> comme si vous étiez un homme nouveau[5].

Jésus dit : « C'est avec le jugement par lequel vous jugez qu'on vous jugera, et c'est avec la mesure à laquelle vous mesurez qu'on mesurera pour vous » (Matthieu 7.2). C'est ainsi que Jean Chrysostome dira : « Le jugement qui pèsera sur nous dépend de nous[6]. » Le monde ne se divise pas entre ceux qui ont besoin de Dieu et ceux qui n'en ont pas besoin. Il se divise toujours entre ceux qui savent qu'ils ont besoin de Dieu et ceux qui l'ignorent.

Une pause pour réfléchir…

Soyez miséricordieux, comme votre Père est miséricordieux.

Luc 6.36

Nos péchés contre Dieu sont incommensurablement plus grands que ceux des autres contre nous.

Saint Isaac le Syrien[7]

N'en appelez pas à la justice de Dieu – sa justice ne s'exerce pas à votre égard, puisque vos nombreux péchés ont été oubliés.

Saint Isaac le Syrien[8]

… et une pause pour prier

Ô Dieu, prends en pitié le pécheur que suis !

Luc 18.13

Seigneur et Maître de ma vie, ôte-moi l'esprit de paresse, de désespoir, de soif de pouvoir et de paroles oiseuses. Mais donne-moi plutôt l'esprit de chasteté, d'humilité, de patience et d'amour. Oui, Seigneur et Roi, accorde-moi de voir mes propres transgressions et de ne pas juger mon frère ou ma sœur, car tu es béni jusqu'aux siècles des siècles. Amen.

Prière traditionnelle de saint Éphrem

La bonne nouvelle de la repentance

> Il y aura plus de joie dans le ciel pour un seul pécheur qui se repend que pour quatre-vingt-dix-neuf justes qui n'ont pas besoin de repentance.
>
> Luc 15.7

> Revenez à moi, et je reviendrai à vous, dit le Seigneur des Armées.
>
> Malachie 3.7

Quand j'étais en paroisse, une femme qui n'allait pas à l'église s'est approchée de moi dans la rue. À propos d'une paroissienne, elle m'a dit : « Elle, elle va à l'église... mais moi, je sais bien comment elle est vraiment. » Je lui ai répondu quelque chose de ce genre : « Si vous veniez à l'église – et vous y seriez la bienvenue – vous nous entendriez tous reconnaître devant les autres et devant Dieu que nous avons fait des erreurs, que nous n'avons pas été à la hauteur, bref, comme on dit, que nous avons péché. Nous avons besoin du pardon de Dieu. » Le chrétien est celui qui sait qu'il n'est pas bon, et qui sait qu'il a besoin de la miséricorde de Dieu. Si ce n'était pas le cas, nous serions des hypocrites chaque fois que nous disons ou que nous prions la confession des péchés !

Aussi démodée que paraisse l'idée de repentance dans le monde d'aujourd'hui, se tourner vers Dieu, se tourner vers le Christ, n'est pas seulement souhaitable, c'est tout simplement essentiel dans la vie chrétienne. Il n'y a pas et il ne peut y avoir de vie chrétienne sans repentance, sans *metanoia*, sans un réel changement d'esprit et de direction. Sans cesse, les prophètes de l'Ancien Testament appellent le peuple de Dieu – errant et idolâtre – à se repentir et à revenir au Seigneur (Osée 6.1 ; Joël 2.13 ; Ésaïe 30.15 ; Ézéchiel 18.30-32). L'Évangile lui aussi commence par un appel à la repentance. Jean le Baptiste annonce la venue du Messie par ces mots : « Repentez-vous, car le royaume des cieux est proche » (Matthieu 3.2). Jésus, après son baptême, proclame à son tour : « Le temps est accompli, le royaume de Dieu est proche ; repentez-vous et croyez à la bonne nouvelle » (Marc 1.15).

La repentance est une réponse au Royaume, à la nouvelle création, à l'Esprit saint qui fait toutes choses nouvelles. Il ne s'agit donc pas d'améliorer autant que nous le pouvons notre vie dans l'ancien ordre des choses. Il s'agit de vivre d'une manière vraiment nouvelle, qui rompe avec l'ancienne. Souvent nous pensons de travers. La repentance ne consiste pas simplement à être « désolé » et à le confesser à Dieu, en espérant au bout du compte nous améliorer. La repentance est un acquiescement à la vie nouvelle du Christ, cette vie qui ouvre une brèche dans le royaume de Dieu. George MacDonald repère trois étapes du cheminement chrétien : la personne ancienne dans l'ancien ordre, la personne renouvelée dans l'ancien ordre, la personne renouvelée dans le nouvel ordre. La vraie repentance est une réponse à la grâce étonnante de Dieu, à l'avènement de la vie nouvelle du Royaume. Dans Actes 2, lorsque les foules du monde entier se rassemblent à Jérusalem pour la Pentecôte, elles sont témoins de la présence et de la puissance de l'Esprit saint, qui agit à travers les disciples, et demandent : « Que devons-nous faire ? » Pierre répond : « Repentez-vous, et que chacun de vous soit baptisé au nom de Jésus-Christ, afin que vos péchés soient pardonnés ; et vous recevrez le don du Saint-Esprit » (Actes 2.37-38).

Jésus annonce : « Je suis venu appeler à la repentance non pas les justes, mais les pécheurs » (Luc 5.32). Le Seigneur ressuscité, en ouvrant l'esprit des disciples à l'intelligence des Écritures, leur dit : « Ainsi il est écrit que le Messie souffrira et ressuscitera des morts le troisième jour, et que la repentance et le pardon des péchés seront proclamés en son nom à toutes les nations » (Luc 24.46-47). La repentance et le pardon ne sont pas simplement des facettes de la proclamation de l'Évangile ; ils en sont le contenu essentiel (le kérygme). L'Esprit saint est donné aux disciples pour témoigner de cet Évangile. Plus tard, Paul exhorte les Athéniens de l'Aréopage à se repentir : « Il ordonne maintenant à tous les peuples du monde de se repentir, car il a fixé le jour où le monde sera jugé » (Actes 17.30-31). De même lorsque, dans le récit émouvant de Luc, Paul fait ses adieux aux anciens d'Éphèse, il résume le message essentiel qu'il a communiqué à Éphèse : « J'ai témoigné aux Juifs et aux Grecs de la repentance envers Dieu et de la foi en notre Seigneur Jésus » (Actes 20.21).

C'est ainsi que John Wesley – qui a fait une expérience profonde de la joie du pardon de ses péchés – a pu écrire, une douzaine d'années après son ordination pastorale : « La repentance est le porche de la religion, la foi en est la porte, et la sainteté l'essence[9]. » La prière liturgique, tant dans les traditions orientales qu'occidentales, est imprégnée à la fois de cet appel à la repentance et de cette réponse qu'est la confession devant la communauté.

Les diverses dimensions de la repentance

Mais qu'est-ce que la repentance ? Parmi les homélies lues dans toutes les paroisses de l'Église d'Angleterre durant la seconde moitié du XVIe siècle, l'homélie 19 était intitulée « Une homélie de repentance et de vraie réconciliation avec Dieu[10] ». Exhortant à « un prompt retour vers le Seigneur Dieu de l'hospitalité », cette prédication identifie quatre dimensions de la repentance, chacune tirée des Écritures. La première est la « contrition du cœur » (Psaume 51.17). La deuxième est « la confession sans détours et la reconnaissance de nos péchés devant Dieu » (Psaume 32.5 ; 1 Jean 1.9 ; Jacques 5.16). La troisième est la foi par laquelle « nous comprenons et saisissons les promesses de pardon et de miséricorde de Dieu » (Luc 5.32 ; 1 Timothée 1.15 ; 1 Jean 1.9). La quatrième est « une vie transformée, ou une vie nouvelle, qui rend manifestes les fruits de la repentance » (Matthieu 3.8).

La vraie repentance, donc, comprend et dépasse la confession liturgique et sacramentelle. Confesser nos péchés personnellement et collectivement est une part indispensable de la santé spirituelle. En effet, comme le dit l'adage, c'est « bon pour l'âme ». Mais la repentance est quelque chose de plus profond et de plus large que cela. Après avoir fait l'expérience du pardon, une confession véritable et nouvelle peut jaillir. C'est bien plus que simplement confesser personnellement ou collectivement ses péchés, et recevoir en retour l'absolution. La repentance appelle un mouvement plus complet du cœur en réponse à l'amour de Dieu. En fait, il est tout aussi vrai de dire que la repentance conduit au pardon que de dire que le pardon conduit à la repentance. Dans le Prologue de sa Règle, saint Benoît cite Paul : « Ne vous rendez-vous pas compte que la bonté de Dieu est destinée à vous conduire à la repentance ? » (Romains 2.4). La repentance est une réponse à l'amour et à la bonté de Dieu. En tant que pasteur de paroisse, j'ai eu le privilège d'être témoin de profonds pleurs de repentance, et de faire l'expérience des larmes, saisi par le pardon de Dieu et par son profond amour. C'est l'amour de Dieu qui nous pousse à la vraie repentance, bien plus que la crainte de son jugement.

Lorsque, selon la phrase mémorable de Luc (Luc 1.7), le fils prodigue « est rentré en lui-même », il a fait demi-tour. Il a reconnu la gravité de ses actes et, dans sa repentance, il est revenu chez son père. Cela a précédé l'expérience de la miséricorde de son père. Mais on peut imaginer que l'accueil inconditionnel et généreux de son père a libéré en lui un repentir profondément joyeux, un repentir qui découle cette fois non pas de la culpabilité mais plutôt de l'expérience joyeuse de l'amour inconditionnel et du pardon de son père : un nouveau mouvement d'amour pour son père, un amour répondant à l'amour de son père, un amour qu'il n'avait jamais connu avant de quitter la maison. Nous pourrions donc dire deux choses : premièrement, que la repentance mène à la joie, et deuxièmement que la repentance – en tant que retour à l'amour du Christ – découle de la joie, la joie d'être pardonné.

Repentance et joie

> La repentance est la fille de l'espérance et du renoncement au désespoir.
>
> Saint Jean Climaque[11]

> La repentance est donnée à l'humanité grâce après grâce, car la repentance est une seconde régénération par Dieu.
>
> Saint Isaac le Syrien[12]

Ainsi la repentance n'est pas, comme certains l'imaginent, un obscur devoir de réprimer notre être ou de faire en sorte que les misérables pécheurs restent misérables. Au contraire, c'est ce que les orthodoxes appellent « donner de la joie ». Elle apporte la joie dans le ciel (Luc 15.7) et sur la terre (Psaume 32.1). On pourrait penser à la joie débordante de John Wesley lorsqu'il a senti son cœur « étrangement réchauffé » et, comme il l'écrit dans son journal : « J'ai senti que je me confiais au Christ, au Christ seul, pour le salut et j'ai eu l'assurance qu'il avait enlevé mes péchés, oui les miens aussi, et m'avait sauvé de la loi du péché et de la mort[13]. » Cette expérience du pardon a libéré en lui d'extraordinaires capacités de l'Esprit saint pour témoigner de la bonne nouvelle du pardon des péchés, de sorte que plusieurs milliers de vies ont été transformées par la transformation de sa vie. La repentance, qui conduit à la joie et qui également découle de la joie, suppose de ne pas esquiver mais de faire face à notre besoin de la grâce et de la miséricorde de Dieu. Avant de se rendre, le 24 mai 1738, « très malgré lui », à cette réunion à la rue Aldersgate qui devait changer sa vie, Wesley avait dû faire face à sa propre pauvreté spirituelle et à l'inefficacité de son propre témoignage chrétien. De retour de sa mission en Amérique, il écrit : « Je suis allé en Amérique pour convertir les Indiens, mais moi, qui me convertira ? J'ai une religion radieuse. Je peux bien en parler, mais mettez-moi face à la mort et mon esprit se trouble[14]. » Wesley a dû faire face à sa propre aridité intérieure : il a dû entrer dans cet « endroit désert », regarder sa propre insuffisance et lui faire face, avant d'être prêt à expérimenter la joie et la libération du pardon et une onction pour le ministère et la mission.

La joie et la pénitence vont de pair. Elles se conjuguent. Jésus bénit ceux qui connaissent leur besoin de Dieu et de sa miséricorde. Cependant, si nous nous concentrons simplement sur notre fragilité et sur le fait que nous ne sommes pas à la hauteur, nous risquons de perdre de vue la miséricorde de Dieu et de nous décourager. Si, en revanche, nous considérons la miséricorde de Dieu comme allant de soi et que nous perdons de vue notre besoin permanent de cette miséricorde, le résultat sera probablement une complaisance spirituelle subtile, voire un triomphalisme. Saint Macaire, un moine égyptien du IVe siècle, dont Wesley dit dans son journal qu'il a fait « chanter son cœur[15] », met en garde contre ceux qui, « ayant reçu la grâce de l'Esprit, commencent à s'appuyer sur ce fait pour s'enfler. Ils oublient la nécessité d'avoir le cœur brisé et l'humilité de l'esprit[16] ». Richard Hooker parle d'un « joyeux mélange » entre le sentiment de notre propre indignité et la confiance en la miséricorde de Dieu par Jésus[17]. De même, la mère Julienne de Norwich décrit « le merveilleux alliage de bien-être et d'inconfort qu'il y a à vivre en nous-mêmes la misère et le malheur de la chute d'Adam et la force de la résurrection de notre Seigneur Jésus-Christ[18] ». Les deux sont nécessaires. Dans son *Journal de l'âme*, le pape Jean XXIII cite des mots, attribués au pape Innocent III, qui rendent compte de cette double nécessité dans la vie chrétienne. Il écrit à ce propos :

> ... l'humble prière d'un chrétien qui pense à son péché mais est conscient du pardon, qui pense à la mort mais avec un cœur sûr de la résurrection, qui connaît l'ampleur de sa propre indignité mais connaît mieux encore la largeur sans mesure de la miséricorde du Seigneur[19].

De même que la foi et le repentir ne peuvent être séparés, la joie et la pénitence vont de pair. Elles sont, selon les mots du théologien anglican Henry Bull (1530-1577), « unies comme des compagnons de route, bien que l'une nous fasse tomber dans la peur et que l'autre nous relève et nous réconforte, de fait, dans la prière, elles doivent nécessairement se rencontrer[20] ». La « Prière de Jésus », telle que la vit l'Église orthodoxe, illustre parfaitement ce subtil tissage entre la joie et la repentance. Elle commence par une affirmation de la foi en la seigneurie et la divinité de Jésus – « Seigneur Jésus-Christ... » – et se poursuit par la reconnaissance de notre besoin profond et constant de la miséricorde de Dieu – « ... aie pitié de moi, pécheur ». (De même, le Notre Père commence par la sanctification du nom de Dieu avant de reconnaître notre besoin de sa bonté et de sa miséricorde.) Se tourner vers le Christ est un fruit direct de l'Esprit de vérité à l'œuvre en nous, l'Esprit qui nous convainc que, « si nous disons que nous n'avons pas de péché, nous nous séduisons nous-mêmes, et la vérité n'est pas en nous » (1 Jean 1.8 LSR). Isaac le Syrien écrit :

> Quand un pécheur prend conscience de ses fautes et commence à se repentir, il est déjà juste ; quand un homme juste prend conscience de sa justice et que sa conscience en est persuadée, il est déjà pécheur[21].

La parabole du pharisien et du collecteur d'impôts illustre bien cela en nous rappelant que c'est dans l'humilité de la repentance que nous sommes justifiés devant Dieu (Luc 18.14). Car Dieu « ne méprisera pas le cœur brisé » (Psaume 51.19). Charles Simeon (1759-1836), qui a été vicaire de la Sainte-Trinité à Cambridge pendant de nombreuses années, a fait un jour une expérience profonde de conversion au Christ en participant à la sainte cène. Plusieurs milliers de personnes ont été converties, transformées grâce à son ministère. Au cœur de sa foi profondément évangélique, Simeon désirait ardemment se tenir en tout temps dans la contrition, au niveau de « la poussière : seul endroit sûr pour un chrétien » :

> Le cœur tendre, l'esprit brisé et contrit sont pour moi bien plus que toutes les joies que je pouvais espérer dans cette vallée de

larmes. J'aspire à être à ma place, la main sur la bouche et la bouche dans la poussière. Je sens que c'est un terrain sûr. Ici, je ne peux pas me tromper[22].

C'est pourquoi Simeon parle de « l'heureuse condition du pénitent qui se condamne ». Cette pénitence, comme nous l'avons vu, est bien plus que la pratique de la confession des péchés – aussi importante soit-elle. C'est une condition, une manière d'être, qui attire la grâce de Dieu. Simeon savait que le lieu où Dieu agit en nous et où il peut nous irriguer le plus librement est celui de l'humble repentance. Comme le dit le poète Henry Vaughan :

Et ici, dans la poussière et la saleté – oh ! ici,
les lis de son amour apparaissent[23] !

Une pause pour réfléchir…

Les sacrifices de Dieu, c'est un esprit brisé : un cœur brisé, écrasé, ô Dieu, tu ne le méprises pas.

Psaume 51.19

S'il existe quelque part sur la terre un amoureux de Dieu qui soit toujours à l'abri de la chute, je n'en sais rien – car cela je ne l'ai jamais vu. Mais ce que j'ai pu voir, c'est qu'en tombant et en étant relevés encore et encore, nous sommes maintenus toujours proches dans un seul amour.

Mère Julienne de Norwich[24]

Je crois que, souvent, notre Seigneur choisit délibérément de travailler avec ceux qui ont été des pécheurs récidivistes plutôt qu'avec ceux qui, au contraire, ne l'ont jamais affligé du tout.

Le nuage de l'inconnaissance[25]

… et une pause pour prier

Si nous disons que nous n'avons pas de péché, nous nous séduisons nous-mêmes, et la vérité n'est pas en nous.

1 Jean 1.8 (LSR)

Seigneur, aide-nous à nous voir en vérité, dans la lumière de ton amour. Montre-nous tout ce que nous pouvons supporter de voir, pour nous amener à la vraie repentance et pour goûter la joie du pardon.

Repentance et vue

Maintenant mon œil t'a vu ; c'est pourquoi je me condamne et me repens sur la poussière et sur la cendre.

Job 42.5-6 (LSR)

Plus nous progressons dans la vie spirituelle, plus nous voyons notre besoin de repentance.

Saint Paisios du mont Athos[26]

On a donné un peu de pouvoir à ce donateur.
Pour voir les nôtres comme les siens nous voient !
Il nous a libérés
d'une folle idée.

Robert Burns[27]

Il y a de nombreuses années, j'ai passé du temps dans une mine de charbon du Yorkshire, dans le cadre d'une formation sur la mission dans l'industrie. Après plusieurs heures passées sous terre dans l'obscurité totale, je me souviens être remonté par le monte-charge et avoir été ébloui par la lumière du jour. Ce n'est que lorsque mes yeux se sont habitués à la lumière que j'ai pu voir à quel point moi et les autres étions couverts de crasse et de poussière de charbon. Je n'étais pas en mesure de constater cela dans l'obscurité. Karl Barth a écrit que nous ne pouvons voir l'étendue d'un problème que lorsque nous avons enfin saisi la solution. Nous avons besoin de la lumière du Christ pour voir vraiment. Comme l'écrit le psalmiste : « Auprès de toi est la source de la vie ; par ta lumière nous voyons la lumière » (Psaume 36.10).

Le parcours de la foi chrétienne, tel que le décrit le père athonite Aimilianos, est un cheminement dans lequel nous sommes conduits par l'Esprit saint « pour nous voir tels que nous sommes vraiment dans la lumière de la gloire de Dieu[28] ». Nous voir dans la lumière de la gloire de Dieu ne peut que nous amener à la repentance. Ainsi Dorothée de Gaza écrit : « De même, plus les saints s'approchent de Dieu, plus ils se voient comme des pécheurs[29]. » Quand Ésaïe se tient en présence de la lumière glorieuse de Dieu dans le temple, il voit la dure réalité de son propre péché et de celui du peuple de Dieu : « Malheur à moi ! Je suis perdu, car je suis un homme aux lèvres impures, et je vis parmi un peuple aux lèvres impures ; et pourtant mes yeux ont vu le Roi, l'Éternel des armées ! » (Ésaïe 6.5). Ésaïe a besoin de voir sa propre fragilité et sa chute avant d'être prêt à être pardonné, purifié, recevoir l'onction et être envoyé. Lorsque Job voit enfin Dieu, après en avoir tant entendu et avoir tant discuté de Dieu avec ses « consolateurs », il ne peut que se repentir : « Mon oreille avait entendu parler de toi, mais maintenant mon œil te voit ; c'est pourquoi je m'humilie et je me repens dans la poussière et la cendre » (Job 42.5-6). Bien que notre parcours soit un cheminement vers la vision claire, Dieu dans sa miséricorde ne nous révèle pas plus que ce que nous pouvons supporter. La bonne nouvelle de l'Évangile, c'est que Dieu travaille dans et à travers des vases en terre fragiles. Les trésors du Royaume sont donnés dans et par des vases d'argile. Nos faiblesses, notre faillibilité, sont loin d'être un obstacle à la vie et à l'œuvre de Dieu en nous et à travers nous. Si elles sont reconnues devant Dieu, elles sont la matière première de sa grâce qui nous transforme.

Le don de nos limites

Ainsi, je me vanterai d'autant plus volontiers de mes faiblesses, afin que la puissance du Christ agisse en moi. C'est pourquoi je me contente des faiblesses, des insultes, des épreuves, des persécutions et des calamités pour l'amour du Christ ; car chaque fois que je suis faible, c'est alors que je suis fort.

2 Corinthiens 12.9-10

Réjouissez-vous chaque fois que vous vous découvrez une nouvelle imperfection.

Jean-Pierre de Caussade[30]

Ne soyons pas découragés par nos imperfections. Notre perfection même est de les combattre avec diligence.

François de Sales[31]

La liberté est liée à l'imperfection, aux limites et aux imperfections. Les erreurs sont non seulement inévitables mais salutaires.

Thomas Merton[32]

La fragilité humaine fait partie de l'économie divine qui nous amène à voir notre besoin de Dieu et nous prépare ainsi à recevoir sa miséricorde et sa grâce. Comme l'écrivait la mère Julienne de Norwich en 1373, lors d'une grave maladie au cours de laquelle elle avait reçu ses « visions » ou *Révélations de l'amour divin* :

> Nous avons besoin de tomber et de voir que nous sommes tombés. Car si nous ne sommes jamais tombés, nous ne pouvons pas savoir à quel point nous sommes faibles et pitoyables en nous-mêmes. Nous ne pourrions pas non plus connaître l'amour merveilleux de notre Créateur[33].

Savoir, reconnaître, découvrir notre insuffisance, notre manque, notre besoin, est un don. C'est un don parce qu'il aiguise nos soifs – non seulement notre soif de pardon, de guérison, de force et de conseils, mais aussi notre soif de Dieu lui-même, qui a placé ces désirs en nous. Avoir faim de Dieu, avoir soif de Dieu, est un signe certain de la présence de Dieu en nous. Anselme prie ainsi : « Seigneur, donne-moi de désirer ce que tu m'as préparé... et accorde-moi ce que tu m'as fait désirer[34]. » C'est l'Esprit de Dieu à l'œuvre en nous qui nous donne faim de Dieu. C'est Dieu en nous qui nous ramène à Dieu. Thomas Traherne, prêtre anglican et poète (1637-1674), écrit de ce « désir » qu'il est un don de Dieu. Pour Traherne, le « désir » a deux sens : le « manque » et le « désir ». Ainsi ce « désir » est-il un véritable don de Dieu : « De toute éternité, il nous est vital de désirer, notre désir est un trésor. » Il poursuit : « Soyez présents lorsque vous avez besoin de Dieu et vous serez présents à sa divine présence[35]. » Nos aspirations les plus profondes viennent de Dieu et nous ramènent à Dieu. Comme le dit si bien saint Augustin : « Ô Dieu, tu nous as faits pour toi-même et notre cœur est sans repos jusqu'à ce qu'il t'ait trouvé[36]. »

Il est important, non seulement de reconnaître avec Paul notre propre insuffisance en dehors de Dieu (2 Corinthiens 3.5), mais aussi de la reconnaître les uns avec les autres : devant Dieu, reconnaître que nous sommes, tous ensemble, des mendiants de Dieu. Richard Baxter (théologien de tradition puritaine) écrit dans *The Reformed Pastor* des paroles qui restent valables non seulement pour ceux qui exercent un ministère mais aussi pour tous les chrétiens :

> Tout notre travail consiste à porter nos propres insuffisances dans une humble relation confiante et priante au Christ. Les ministres, les pasteurs ont besoin les uns des autres ; et ceux qui sont autosuffisants sont les hommes les plus déficients, les plus orgueilleux et les plus vides qui soient[37].

Souvent Dieu choisit d'agir parce que nous lui faisons face, partageons notre faiblesse et notre insuffisance devant lui, puis lui tendons la main ensemble. L'ouvrage de Stephen Verney, *Fire in Coventry*, raconte l'histoire d'un extraordinaire renouveau spirituel dans le diocèse de Coventry. Ce renouveau a commencé lorsque le clergé a abandonné tout esprit de compétition et a partagé ses véritables luttes et ses échecs. Cette confrontation à la vérité, partagée dans la vulnérabilité et l'humilité, a donné à Dieu l'espace nécessaire pour agir. C'est vers cette dimension de la vie chrétienne comme corps communautaire que nous nous tournerons dans le prochain chapitre.

Une pause pour réfléchir…

Comme un cerf se languit des ruisseaux qui coulent, ainsi mon âme se languit de toi, ô Dieu.

Psaume 42.1

Dieu a soif d'être assoiffé.

Saint Grégoire de Nazianze[38]

Celui qui désire de tout cœur Dieu possède déjà celui qu'il aime, car personne ne pourrait aimer Dieu s'il ne possédait pas celui qu'il aime.

Saint Grégoire[39]

… et une pause pour prier

Seigneur, tu connais toute mon aspiration, mon soupir ne t'est pas caché.

Psaume 38.9

Ô Dieu, tu es mon Dieu, je te cherche, mon âme a soif de toi.

Psaume 63.1

Soyons présents devant Dieu avec nos désirs et reconnaissons sa présence au milieu de nous.

Nous pourrions faire nôtre la prière d'Anselme :
Donne-moi de désirer ce que tu m'as préparé… et accorde-moi de recevoir ce que tu m'as fait désirer[40].

QUESTION

Nous pouvons aussi nous rappeler la question que Jésus nous a posée : « Pourquoi vois-tu la paille dans l'œil de ton prochain, mais ne remarques-tu pas la poutre dans ton propre œil ? » (Matthieu 7.3).

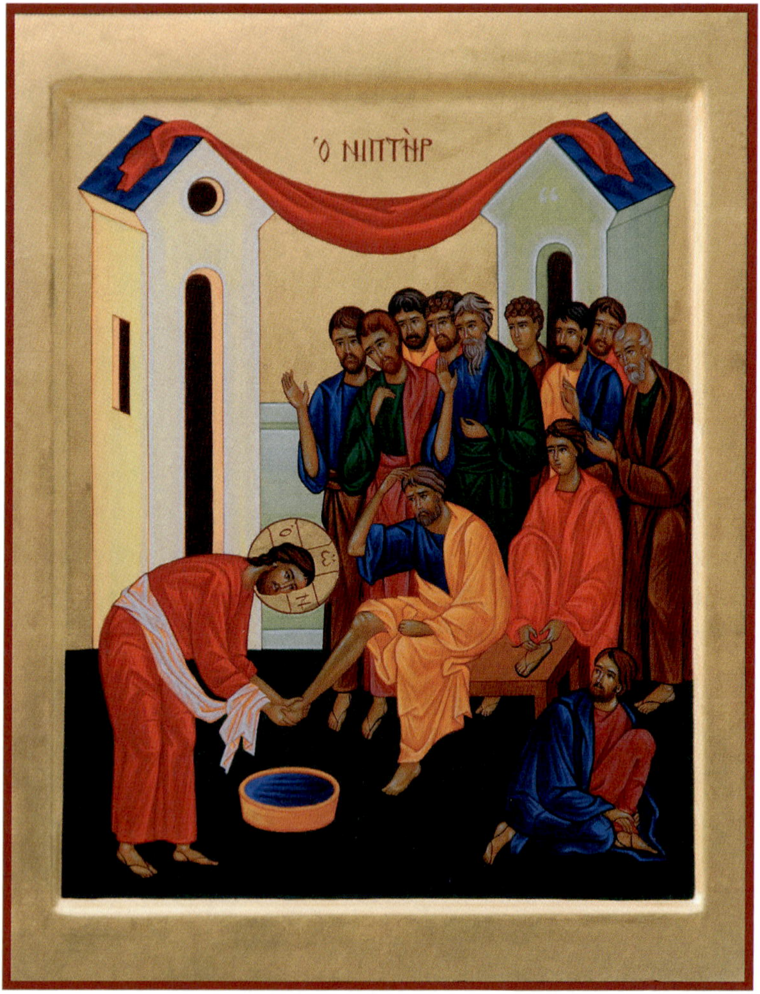

Le Christ lave les pieds des disciples (voir description p. 191)

Comme je vous ai aimés, aimez-vous les uns les autres.

Jean 13.34

3. Se tourner vers l'amour : l'un pour l'autre

Quand frères et sœurs vivent ensemble dans l'unité

Comme il est bon et agréable que des personnes apparentées vivent ensemble dans l'unité !

Psaume 133.1

À ceci tous reconnaîtront que vous êtes mes disciples, si vous avez de l'amour les uns pour les autres.

Jean 13.35

Nous savons que nous sommes passés de la mort à la vie parce que nous nous aimons les uns les autres.

1 Jean 3.14

Je me souviens avoir entendu parler d'un pasteur qui, sans doute après avoir prêché sur la réconciliation, avait déclaré aux membres de sa paroisse : « Aujourd'hui, quand vous vous donnerez la paix, je vous encourage à commencer par quelqu'un que vous n'aimez pas du tout et à échanger la paix avec lui. » L'intention était bonne, mais vous pouvez sans peine imaginer le résultat de cette invitation : cela a jeté un froid dans tout l'auditoire ! Lorsque Tertullien écrivait : « Voyez comme ces chrétiens s'aiment les uns les autres[1] », il était sincère. Et il s'imaginait que les païens seraient touchés par l'amour que les chrétiens manifestaient pour Dieu et les uns pour les autres, comme en témoignent les récits de martyre, où on les voit souvent échanger un signe de paix juste avant de mourir. Tertullien pouvait voir la puissance missionnaire du martyre chrétien, lorsqu'il proclamait que « le sang des martyrs est la semence de l'Église[2] ». Malheureusement, aujourd'hui, lorsqu'on cite cet « amour tellement visible des chrétiens entre eux », c'est généralement avec ironie ou cynisme, à propos de relations chrétiennes bien peu charitables.

Un évêque à la retraite de mes connaissances rendait visite à mère Teresa, de Calcutta. À cette époque, il s'occupait de la formation des missionnaires. Juste avant de partir, il lui a demandé : « Quelle est la chose la plus importante que je devrais leur dire ? » Elle a répondu simplement : « Dites-leur de s'aimer les uns les autres. » Thérèse d'Avila écrit : « Ce qui a du prix pour Dieu, c'est que nous nous aimions et vivions en paix les uns avec les autres. C'est là le bien ultime que Jésus fait passer avant toute autre chose[3]. » Que cela nous plaise ou non, nous ne pouvons échapper à cette vérité qu'exprimait dans les années 60 le fameux slogan de Marshall McLuhan qui disait : « le messager est le message ». C'est la qualité de nos relations les uns avec les autres, avec Dieu et avec le monde qu'il a créé, qui dira si l'amour du Christ en nous est réel ou non. Plus récemment, Lesslie Newbigin, dont la vie et les écrits témoignent de la présence et de la réalité de Dieu, a écrit que

« l'Église est l'herméneutique de l'Évangile ». Il affirme que, pour que l'Évangile soit crédible, « il faut qu'il existe un groupe d'hommes et de femmes qui croient en lui et qui en vivent[4] ».

Pour Jésus dans la prière sacerdotale, la crédibilité de notre témoignage, et donc sa fécondité, sont directement liées à l'amour que nous avons et manifestons les uns pour les autres. Si nous n'avons pas cet amour les uns pour les autres, nous échouons et nous trébuchons au premier obstacle. Jésus prie : « Comme toi, Père, tu es en moi et moi en toi, qu'eux aussi soient un en nous, afin que le monde croie que tu m'as envoyé. » Il continue à prier : « afin qu'ils deviennent complètement un, pour que le monde sache que tu m'as envoyé » (Jean 17.21,23). Si nous croyons que tout être humain est fait à l'image de Dieu, il ne faut pas s'étonner qu'il y ait une reconnaissance instinctive, intuitive de la présence – ou de l'absence – de l'amour de Dieu qui est à l'œuvre dans les vies et les communautés chrétiennes. Qu'ils soient croyants ou non, les gens repèrent aisément que « ceux qui disent : «J'aime Dieu» et qui en même temps haïssent leurs frères et sœurs sont des menteurs » (1 Jean 4.20).

Mais quels sont les éléments constitutifs de cet amour des uns pour les autres ? Qu'est-ce qui contribue à l'unité des chrétiens ? La réponse la plus simple est : le Christ. L'unité des chrétiens ne germe, ne grandit et ne se réalise qu'en Christ et par le Christ. Elle ne peut pas être simplement le fruit de nos efforts, de nos capacités ou de l'habileté humaine. Elle est un don de Dieu. Pour grandir dans cette unité, nous ne devons pas concentrer notre attention les uns sur les autres, mais sur Dieu. Dorothée de Gaza, un moine du VIe siècle en Palestine, insiste sur ce point. Il nous invite à imaginer que le monde est un cercle dont le centre est Dieu. Les rayons sont les différentes manières de vivre des humains. Ceux qui cherchent à se rapprocher de Dieu se dirigent vers le centre, ils se rapprochent alors de tous ceux qui mettent Dieu au centre de leur quête[5]. L'unité en Christ est fondée sur la relation avec le Christ et ne saurait être envisagée indépendamment de cette relation.

Si nous voulons être cohérents dans notre recherche d'unité, il ne suffira pas, aussi valables que soient nos motifs, de la rechercher simplement sur le plan « horizontal », en nous observant les uns les autres et en cherchant des points communs à travers nos différences. La dimension « verticale » est essentielle, voire primordiale, dans cette quête. Comme chante le psalmiste : « Si le Seigneur ne bâtit la maison, ceux qui la bâtissent travaillent en vain » (Psaume 127.1). L'unité des chrétiens ne saurait advenir simplement par la mise en œuvre de quelque ingénieux projet œcuménique, aussi important que cela puisse être parfois. C'est un don de Dieu, rendu possible par l'Esprit saint, l'Esprit de vérité. Au cœur de sa prière pour l'unité, Jésus prie pour que nous soyons « sanctifiés par la vérité. Ta parole est la vérité » (Jean 17.17). Les éléments constitutifs de cette unité doivent donc inclure la prière et la sainteté. Michael Ramsey ne mâche pas ses mots quand il dit :

> Ce qui ne va pas dans le christianisme, ce n'est pas seulement que nous soyons divisés, c'est surtout que nous manquions de sainteté et que nous travestissions la vérité. De fait il me semble totalement dérisoire de disserter sur l'unité si, simultanément, nous ne réfléchissons pas et ne parlons pas de la nécessité d'une consécration nouvelle pour retrouver la plénitude de la vérité[6].

Certains mots de la lettre aux Hébreux résonnent alors tout particulièrement : « Recherchez la paix avec tous, et la sainteté sans laquelle personne ne verra le Seigneur » (Hébreux 12.14). Quels sont donc les signes que l'Esprit de Dieu, l'Esprit d'unité, est bien vivant dans la communauté chrétienne ?

Le pardon

> Soyez bons les uns envers les autres, ayez le cœur plein de tendresse, pardonnez-vous les uns les autres, comme Dieu vous a pardonné en Christ.
>
> Éphésiens 4.32

> Refuser de pardonner, c'est trahir notre humanité.
>
> Saint Maxime le Confesseur[7]

Vous connaissez l'histoire cet homme, pécheur notoire, qui un jour est excommunié et à qui l'on interdit l'entrée de l'église. Il va se plaindre à Dieu : « Ils ne veulent pas me laisser entrer parce que je suis un pécheur. » Dieu dit : « De quoi te plains-tu ? Ils ne me laissent pas entrer non plus ! »

Comme nous l'avons vu, l'unité à laquelle nous sommes appelés est une unité de pécheurs pardonnés et qui pardonnent. Comme l'a souligné Dietrich Bonhoeffer, l'Église n'est certainement pas une communauté de « gens pieux[8] ». Elle n'est pas non plus une communauté de « bonnes personnes », et encore moins de celles qui pensent être bonnes. Comme l'a dit Thomas Merton, « un saint n'est pas une personne bonne, mais une personne qui a fait l'expérience de la bonté de Dieu[9] ». L'Église est une communauté de personnes unies par la reconnaissance de leur besoin de Dieu et par leur expérience de la miséricorde divine. C'est une communauté de personnes qui ont fait l'expérience de quelque chose de neuf, d'une dimension nouvelle de la vie qui s'est ouverte pour eux. Aristide (au IIe siècle) décrit les chrétiens comme « un peuple nouveau avec quelque chose de divin en son sein[10] ».

Un ami pasteur me disait qu'il s'était senti le plus proche de ce que l'on entend par *koinonia*, ou « communion du Saint-Esprit », lorsqu'il a été invité à participer à une réunion des Alcooliques anonymes (AA). Là, il a été témoin d'une véritable confession mutuelle (Jacques 5.16), c'est-à-dire d'un profond sentiment de solidarité et de soutien mutuel (1 Thessaloniciens 5.11) et, bien sûr, d'une reconnaissance commune du besoin d'une puissance supérieure, de Dieu (Jérémie 17.14). Notre unité sera toujours l'unité de ceux qui sont pardonnés et qui pardonnent, comme nous le disons dans le Notre Père : « Pardonne-nous nos péchés comme nous pardonnons à ceux qui nous ont offensés. » « Refuser de pardonner, écrivait Maxime le Confesseur, c'est trahir notre humanité[11]. » C'est la vérité de notre humanité : nous avons besoin à la fois d'être pardonnés et de pardonner. Nous avons besoin de la miséricorde de Dieu. Accepter cette vérité pour nous-mêmes et pour tous nos frères et sœurs nous impose d'être miséricordieux à notre tour. Les miséricordieux reçoivent la miséricorde de Dieu. Les communautés dans lesquelles s'exerce la miséricorde manifestent la victoire du Christ, qui sur la croix a prié : « Père, pardonne-leur, car ils ne savent pas ce qu'ils font » (Luc 22.34). Se référant aux branches de palmier et d'olivier agitées pour célébrer en messie Jésus porté par un âne à son entrée à Jérusalem, Dorothée de Gaza écrit : « La branche de palmier est le symbole de la victoire [du Christ, à laquelle les chrétiens participent]. Le rameau d'olivier est le symbole de la miséricorde[12]. » La victoire du Christ se manifeste dans et à travers des communautés miséricordieuses ; en clair, lorsque vous et moi nous montrons miséricordieux. La victoire du Christ ne se manifeste pas par notre domination des autres, ni par notre jugement les uns sur les autres, mais bien par la miséricorde et le pardon. C'est ce qui rend possible un nouveau départ.

Le pardon ne libère pas seulement celui ou ceux qui sont pardonnés, il libère aussi celui ou ceux qui pardonnent. Dans *Anna Karénine*, le mari d'Anna, Alexeï, alors qu'il est trahi par la liaison de sa femme avec Vronsky, après avoir éprouvé beaucoup de douleur et d'amertume, reçoit, de manière inattendue pour lui - et pour le lecteur - la grâce de pardonner à la fois à Anna et à Vronsky. Grâce à ce pardon, il est profondément transformé. Tolstoï écrit à propos d'Alexeï :

> Il sentit soudain que ce qui avait été la source de sa souffrance était devenu la source de sa joie spirituelle, que ce qui lui semblait insoluble lorsqu'il condamnait, reprochait et haïssait, devenait simple et clair lorsqu'il pardonnait et aimait[13].

À travers le pardon, à travers la miséricorde dont nous faisons preuve envers les autres, nous sommes nous-mêmes introduits par la miséricorde de Dieu dans une nouvelle liberté. La vie réelle nous enseigne, bien sûr, que ce n'est pas facile. Nous avons besoin de l'aide de Dieu.

Une pause pour réfléchir…

Remets-nous nos dettes, comme nous aussi les remettons à nos débiteurs.

Matthieu 6.12

Laissez un cœur miséricordieux diriger tout votre mode de vie et vous serez en paix avec Dieu.

Saint Isaac le Syrien[14]

Offre-lui ton cœur, doux et souple… de peur que tu ne perdes l'empreinte de ses doigts.

Saint Irénée de Lyon[15]

… et une pause pour prier

Si nous confessons nos péchés, lui qui est fidèle et juste nous pardonnera nos péchés et nous purifiera de toute iniquité.

1 Jean 1.9

Si nos cœurs se sont endurcis en ne demandant pas le pardon ou en ne pardonnant pas aux autres, prions pour l'adoucissement de nos cœurs. Invitons le Saint-Esprit, qui met en lumière les choses cachées dans les ténèbres, à nous révéler doucement où nous avons besoin de recevoir le pardon et où nous avons besoin de pardonner.

Louange et action de grâce

En tant que chrétiens, nous sommes unis non seulement en expérimentant notre besoin commun d'être pardonnés et de pardonner, mais également en tant que peuple de louange et d'action de grâce. Comme l'écrit le psalmiste : « Que les peuples te louent, ô Dieu, que tous les peuples te louent » (Psaume 67.5).

> Du lever du soleil jusqu'à son coucher, que le nom du Seigneur soit béni.
>
> Psaume 113.3

> Louez le Seigneur ! Loue le Seigneur, ô mon âme ! Je louerai le Seigneur tant que je vivrai.
>
> Psaume 146.1-2

> Pourtant tu es saint, tu sièges dans la louange d'Israël.
>
> Psaume 22.3

Notre principale vocation, nous rappelle le Catéchisme de Westminster, est d'adorer Dieu et de nous réjouir en lui pour toujours. Chaque fois que nous nous réunissons autour de la table du Seigneur, nous nous rappelons qu'il est de notre devoir et que c'est notre joie, en tout temps et en tout lieu, de rendre grâce à Dieu et de le louer. Dire que c'est notre « devoir », c'est parler de la louange comme d'une discipline ou même, comme le dit l'auteur d'Hébreux, d'un « sacrifice de louange » (Hébreux 13.15). L'apôtre Paul demande à ses lecteurs de rendre grâce « en toutes circonstances » (1 Thessaloniciens 5.18). Nous sommes également appelés à rendre grâce pour toute chose (Éphésiens 5.20). Il y a un danger, peut-être surtout en Occident, de devenir des « consommateurs » dans notre approche de Dieu : ne louer Dieu que lorsque nous en avons envie ou que nous pensons avoir une raison particulière de le remercier. Le père Benson, SSJE, insiste cependant sur un fondement biblique solide : « Nous ne louons pas Dieu parce qu'il nous a fait triompher, mais parce que louer Dieu, c'est triompher[16]. »

La louange et l'action de grâce ne doivent donc pas être conditionnées ou dépendantes des circonstances qui nous entourent ou qui sont en nous, ni du fait que nous les jugeons dignes de louange et d'action de grâce. Paul, écrivant depuis sa prison, invite ses lecteurs à « se réjouir toujours dans le Seigneur ; je le dirai encore : «Réjouissez-vous» » (Philippiens 4.4). Paul et Silas, au fond de la prison de Philippes, souffrant encore de leur flagellation, chantent des louanges à Dieu (Actes 16.25-34). Je pense à Jacob Kwashi, alors doyen de Kaduna, au Nigeria, qui nous a raconté, à moi et à d'autres, comment une église avait été incendiée par des soi-disant musulmans (à ce sujet, il faut reconnaître qu'il y a eu également des violences en retour de la part de soi-disant chrétiens). Cependant, le lendemain matin, une grande foule de chrétiens s'est rassemblée autour des restes fumants de l'église, non pas pour se lamenter ou pour nourrir des pensées de vengeance, mais pour louer Dieu. Cela a apparemment déconcerté les auteurs et les autres témoins de cette affaire, qui ne pouvaient pas croire une telle réaction à un acte aussi malveillant.

Si Dieu « siège au milieu des louanges d'Israël » (Psaume 22.3) ou, selon d'autres traductions, « habite les louanges de son peuple », alors cette célébration nous change. La louange change l'écosystème qui est le nôtre. Adorer Dieu en esprit et en vérité, c'est lui donner l'espace nécessaire pour nous transformer. La louange et l'action de grâce ne sauraient être facultatives pour un chrétien. Elles sont fondamentales pour rester vivant en Christ. Elles sont, comme nous le rappelle la liturgie, « notre devoir et notre joie ». Sans cette discipline, sans ce devoir de louange – c'est-à-dire louer Dieu, que nous en ayons envie ou non –, il est peu probable que nous découvrions que ce devoir est aussi une joie. Lorsque nous louons, lorsque nous adorons Dieu en esprit et en vérité, nous faisons de la place pour l'œuvre de renouvellement et de guérison de Dieu en nous.

Non seulement la louange nous change, mais elle change aussi les circonstances dans lesquelles nous nous trouvons. Pourquoi ? Parce que nous faisons partie de ces circonstances.

Une pause pour réfléchir…

Par Jésus, offrons continuellement un sacrifice de louange à Dieu, c'est-à-dire le fruit de lèvres qui confessent son nom.

Hébreux 13.15

Sept jours entiers, pas un sur sept, je te louerai.

George Herbert[17]

Élevez votre cœur vers Dieu avec un humble amour ; et pensez à Dieu lui-même, et non à ce que vous obtenez de lui.

Le nuage de l'inconnaissance[18]

… et une pause pour prier

Bénis le Seigneur, ô mon âme, que tout ce qui est en moi bénisse son saint nom.

Psaume 103.1

Réjouissez-vous toujours, priez sans cesse, rendez grâce en toute circonstance.

1 Thessaloniciens 5.16-18

Prions pour avoir le désir et la discipline de rendre grâce et de louer Dieu en tout temps et en tout lieu.

Toi qui m'as tant donné,
donne-moi encore une chose, un cœur reconnaissant…
Non pas reconnaissant quand il me plaît,
comme si tes bénédictions avaient des jours de repos,
mais un cœur dont chaque battement puisse être
une louange pour toi.

George Herbert

Prenons le temps de louer Dieu, pour ce qu'il est, et non pour ce que nous pouvons en retirer.

Prendre le chemin de Dieu, ou laisser Dieu être Dieu en nous

> En effet, nous sommes l'œuvre de Dieu ; il nous a créés, unis avec Jésus Christ.
>
> Éphésiens 2.10

> Ce n'est pas vous qui créez Dieu, c'est Dieu qui vous crée.
>
> Saint Irénée de Lyon[20]

La poétesse Dorothy Parker, connue pour son humour caustique sur le monde citadin américain, aurait dit : « C'était un self-made man... et il adorait son créateur. » La communauté chrétienne n'est pas – et ne pourra jamais être – une construction humaine. Elle ne saurait être réalisée par des idées ou des efforts humains. Mon idée de la communauté chrétienne, pas plus que votre idée ou même notre idée, ne pourra jamais être ce que Dieu – qui fait toutes choses nouvelles – cherche à créer en nous et à travers nous. Nous devons, en fait, changer de direction pour suivre le chemin de Dieu. Nous devons être prêts à abandonner « nos » plans et « notre » vision de ce que « notre » Église devrait être. L'Église n'est pas la nôtre, mais celle de Dieu. Bonhoeffer, dans son livre *De la vie communautaire*, nous met en garde :

> Celui qui aime son rêve de communauté plus que la communauté chrétienne elle-même devient un destructeur de cette dernière, quand bien même ses intentions personnelles seraient totalement honnêtes, sérieuses et désintéressées[21].

Samuel Taylor Coleridge défendait une idée similaire, bien qu'exprimée de manière un peu différente, dans ses *Aids to Reflection* (1873) :

> Celui qui commence par aimer le christianisme plus que la vérité poursuivra en aimant sa propre secte ou son Église plus que le christianisme, et finira par s'aimer lui-même plus que les autres[22].

Je trouve que les mots de Coleridge sont convaincants, si nous comprenons le terme « christianisme » comme désignant ce que les humains ont fait du Christ, plutôt que le Christ lui-même, qui est en fait la vérité. Ainsi, pour laisser le Christ prendre forme en nous, devons-nous sortir de la vision habituelle de Dieu. Nous devons laisser Dieu être Dieu. Nous devons, en fait, affirme Dietrich Bonhoeffer, être « désillusionnés » de toutes les idées humaines sur la communauté, y compris la nôtre, avant d'être prêts à confier nos vies comme des pierres vivantes à Dieu, qui construira sa communauté, l'Église, en nous et à travers nous. Il semble que Dieu préfère toujours créer ex nihilo, à partir de rien, de la poussière, comme nous l'avons noté précédemment. Søren Kierkegaard a écrit : « Dieu crée tout à partir de rien, et tout ce qu'il doit utiliser, il le réduit d'abord à rien[23]. » La communauté chrétienne se développe à partir de vies remises à Dieu, de vies qui sont prêtes, selon les mots de Jean-Baptiste, « à diminuer pour que Dieu puisse croître » en elles.

Par moment aussi, il nous faut sortir d'une certaine vision de Dieu, lorsque nous prions. La communauté chrétienne grandit grâce à des vies fécondées par l'Esprit saint à travers la prière. « Ce mystère, écrit Paul, c'est le Christ en vous » (Colossiens 1.27). Toute vraie prière est l'œuvre de Dieu en nous, du Christ en nous, de l'Esprit en nous. Il est réconfortant de savoir que, même lorsque nous ne savons pas comment prier, l'Esprit prie en nous avec des gémissements plus profonds que nos mots (Romains 8.26-27). Il y a aussi des moments dans la prière où il est important de laisser de côté nos propres « listes de prières » et de donner de l'espace à Dieu pour qu'il puisse simplement être présent et prier en nous. Ce type de prière est décrit simplement et magnifiquement dans *Le nuage de l'inconnaissance* : « Sa volonté est que vous le regardiez et que vous le laissiez faire[24]. » Dans le même ordre d'idées, la mère Maribel de Wantage, de la communauté de la Sainte-Vierge-Marie, écrit :

> Si le Christ vit en nous, alors il prie en nous, et notre principale préoccupation devrait être de lui fournir un lieu où il puisse prier. Nous connaissons tous la joie de nous introduire dans une église silencieuse, à l'abri du vacarme et du vrombissement de la circulation. Quelle joie pour lui de pousser nos portes battantes et de trouver en nous un lieu de silence où il peut faire monter sa prière[25].

Cette prière en silence et dans le calme donne de l'espace au travail créatif de Dieu en nous.

Personnellement, je constate que les différentes traditions et confessions de la famille chrétienne ont de plus en plus envie d'approfondir la prière et d'y ajouter une dimension contemplative. Parallèlement, je ressens une certaine soif de « communauté » et d'une discipline ou d'une règle de vie collective. Nous n'avons pas seulement besoin de Dieu, mais nous avons aussi besoin les uns des autres pour grandir en Christ et pour servir son Royaume. L'archevêque Justin Welby, qui en a inspiré plus d'un, a reconnu la place fondamentale de la prière dans le renouvellement de la vie et de la mission de l'Église, non seulement celle de la prière individuelle mais aussi celle de la prière collective, y compris par le développement de nouvelles formes de communauté monastique. On commence à voir apparaître de telles communautés, dont beaucoup sont d'orientation œcuménique, avec un rythme de prière qui inclut le silence collectif, et qui mettent l'accent sur l'hospitalité.

Selon ma propre expérience, le fait d'être ensemble avec d'autres chrétiens, de toutes confessions, dans un silence priant avec Dieu, contribue plus sûrement à construire l'unité et la communauté que des réunions qui ne sont que « paroles ». Pour que l'Esprit saint, l'Esprit d'unité, puisse agir en nous et faire grandir l'unité, qui est le don de Dieu parmi nous, nous avons besoin, régulièrement, à la fois dans la prière et aussi dans nos rapports avec les autres, de « lâcher le volant » – de nous laisser conduire.

Une pause pour réfléchir…

Venez à lui, pierre vivante… Laissez-vous construire dans une maison spirituelle, pour être un saint sacerdoce.

1 Pierre 2.4-5

Soyez transformés par le renouvellement de vos esprits.

Romains 12.2

Sa volonté, c'est que vous le regardiez et que vous lui laissiez faire son chemin.

Le nuage de l'inconnaissance[26]

Si nous acceptions de laisser notre Dieu et Père faire sa volonté avec nous, il n'y aurait aucune limite à l'élargissement de notre existence.

George MacDonald[27]

… et une pause pour prier

Marie a dit : « Qu'il me soit fait selon ta parole. »

Luc 1.38

Crée en moi un cœur pur, ô Dieu, et mets en moi un esprit nouveau et juste.

Psaume 51.10

Je te donnerai un cœur nouveau, et je mettrai en toi un esprit nouveau.

Ézéchiel 36.26

Jésus, maître charpentier de Nazareth,
qui sur la croix, par le bois et les clous,
as opéré pleinement notre salut :
manie bien tes outils dans ton atelier,
afin que nous, qui venons à toi grossièrement taillés,
soyons, par ta main, rendus plus beaux et plus utiles.

Communautés d'accueil

> Accueillez-vous donc les uns les autres, comme le Christ vous a accueillis, pour la gloire de Dieu.
>
> Romains 15.7

On entend encore de temps en temps, et elles nous font honte, des histoires de personnes qui, ayant franchi la porte de nos églises, au moment de s'asseoir, s'entendent dirent: « C'est ma place ; pourriez-vous vous déplacer ? » Les communautés chrétiennes les plus attrayantes – c'est-à-dire celles qui attirent le plus les gens vers le Christ – sont certainement celles qui sont marquées par l'humilité, l'hospitalité et un accueil inconditionnel. Saint Benoît, dans sa Règle, parle d'un « accueil spécial réservé à ceux qui sont frères dans la foi et aux pèlerins[28] ». Nous devons accueillir les autres comme ceux que le Christ a accueillis, tout comme nous l'avons été. Saint Benoît va plus loin en exhortant les frères à accueillir l'hôte comme le Christ lui-même.

Peut-être que la réalité et l'authenticité de notre accueil des autres au nom de Jésus dépendent dans une certaine mesure de la connaissance que nous avons de nous-mêmes, non seulement dans notre tête mais aussi dans notre cœur, comme personnes accueillies par le Christ. Le théologien américain Paul Tillich résume ce qu'il considère comme le cœur de l'Évangile, et comme le contenu même du salut, dans un langage remarquablement dépourvu de tout jargon : « Vous êtes acceptés. Vous êtes acceptés. Acceptés par ce qui est plus grand que vous. Acceptez donc simplement d'être acceptés[29]. » Si cela se produit, affirme-t-il, nous faisons l'expérience de la grâce. Pour Tillich, il est clair que l'acceptation de Dieu à notre égard est inconditionnelle, tout comme notre acceptation des autres devrait l'être. Quel désastre si le message que nous envoyons implicitement ou explicitement aux autres est : « Nous vous accepterons si vous croyez ceci ou cela » ; ou : « Nous vous accepterons si vous faites ceci ou cessez de faire cela » ; ou simplement – et cela peut être pire – « si vous devenez comme nous ». Ne pas reconnaître que chaque visiteur, chaque étranger a quelque chose à donner, c'est sortir de la dynamique divine de l'amour qui anime la sainte Trinité, où l'amour est toujours donné et toujours reçu, et où l'étranger est toujours accueilli.

Faits à l'image de Dieu, le dispensateur de tous les dons véritables, nous sommes faits pour donner

En 1977, j'ai travaillé dans un camp de jeunes sur l'île d'Iona. Comme le souhaitait George Macleod, le camp accueillait des jeunes du monde entier, aussi bien de derrière le Rideau de fer que de Glasgow. Pendant une partie de l'été, des jeunes gens de ce qui s'appelait alors Borstal (une institution pour jeunes délinquants) sont venus à Iona. Je me souviens être allé les accueillir à leur descente du ferry et avoir vu des visages durs et arrogants et pas mal de fanfaronnades machistes, ainsi qu'avoir entendu un chapelet de gros mots qui ponctuaient leur vocabulaire. Ce qu'ils ne savaient pas, à ce moment-là, c'est que chacun aurait à s'occuper d'un autre jeune du même âge ayant un handicap physique important. Ce fut merveilleux et émouvant de voir comment, au cours de leur séjour sur l'île, ces jeunes nouèrent des amitiés profondes avec ceux qu'ils aidaient, et de voir, au bout d'une semaine environ, combien les visages avaient perdu la dureté d'expression initiale. Ces jeunes gens furent changés intérieurement parce qu'ils avaient été libérés pour donner, pour montrer qu'ils avaient beaucoup à offrir et que leur soutien et leur amitié étaient d'un grand prix. Les adieux sur la jetée à la fin du séjour furent très émouvants, avec des larmes pour certains. Ces jeunes gens avaient été libérés intérieurement et changés par leur expérience du don. Ils ont reçu beaucoup en donnant.

Ces dernières années, de nombreuses recherches ont été menées sur ce qui fait le bonheur de l'homme. Des universités, dont celles de la Colombie-Britannique et de Harvard, ont mené des expériences sur la différence des indices de bien-être enregistrés entre les personnes qui dépensent de l'argent pour elles-mêmes et celles qui donnent de l'argent à ceux qui en ont besoin. Les résultats ont constamment démontré que le fait de donner contribue au bien-être, y compris, comme le montrent certaines recherches, au bien-être physique. Cela me fait sourire lorsque des recherches « laïques » découvrent des vérités qui confirment des principes bibliques ou théologiques. Créés à l'image de Dieu, qui est amour et qui octroie tous les dons véritables, nous, êtres humains, sommes aussi faits pour aimer et pour donner. Ce faisant, nous devenons davantage nous-mêmes et tels que Dieu, dans son amour, nous appelle à être.

Mais comment sommes-nous perçus en tant qu'Église ? Sommes-nous perçus comme ceux qui pensent qu'ils ont tout à donner et rien à recevoir, tout à enseigner et rien à apprendre ? Ou bien, ce qui serait plus encourageant, sommes-nous perçus comme des personnes qui reflètent l'amour inconditionnel du Christ pour les autres et qui ont l'humilité de demander et de recevoir d'eux ? Jésus, dans son extraordinaire humilité, demande à la Samaritaine de lui donner à boire. Ce faisant, il lui montre qu'elle a de l'importance et qu'elle a quelque chose à donner, quelque chose à lui offrir – elle qui a sans aucun doute été rejetée par tant de gens à cause de sa foi, de son style de vie, sans parler de son sexe, elle qui ne peut se rendre au puits qu'au moment le plus chaud de la journée, quand personne d'autre n'y vient.

« De toutes tribus, de tous peuples et de toutes langues »

> Louez le Seigneur, vous toutes, nations ! Louez-le, vous tous, peuples !
>
> Psaume 117.1

> Christ – le Christ se trouve en mille et un lieux, magnifique dans chacun de ses membres, se reflétant dans des yeux qui ne sont pas les siens, sur les traits de tout visage humain qui se tourne vers le Père.
>
> Gerard Manley Hopkins[30]

Comme Dieu est à la fois le Dieu d'Israël et de toutes les races et nations, son unicité implique et exprime la diversité. En créant une diversité de créatures, Dieu regarde et voit que cette riche diversité est bonne. Ma propre vie et mon ministère ont été énormément enrichis par l'immense diversité culturelle et œcuménique que j'ai connue pendant ma formation à l'Institut œcuménique de Bossey. On y parlait soixante langues (en comptant les dialectes régionaux). À tout moment, nous étions quelque part entre Babel et la Pentecôte ! Plus tard, j'ai eu le privilège de servir dans des paroisses très multiculturelles, où les congrégations reflétaient une grande partie de cette riche diversité culturelle et ethnique. Cela a été à la fois un grand privilège et un enrichissement pour nous tous au sein de la paroisse, mais aussi un signe important, pour ceux qui nous entourent, de la largeur de l'amour de Dieu, où chacun a sa place. Les assemblées monoculturelles dans les paroisses multiculturelles peuvent, peut-être à leur insu, révéler un tribalisme apparent ou réel qui exclut ceux qui sont différents et dont la différence même enrichirait la communauté chrétienne.

Ce qui était extraordinaire dans les communautés chrétiennes naissantes fondées par Paul, c'était leur diversité. Dans quel autre contexte aurait-on pu trouver au sein d'une même communauté esclaves et hommes libres, riches et pauvres, Juifs et païens, hommes et femmes ? De plus, Paul reconnaissait qu'il ne pouvait et ne devait pas y avoir une seule et unique culture chrétienne, universelle. Un christianisme monoculturel ne reflète pas la riche diversité de Dieu et de son peuple. L'Esprit saint est donné pour nous unir dans notre riche diversité culturelle – et non pas en dehors de celle-ci. L'Esprit saint n'est pas l'Esprit d'homogénéité. L'Esprit saint guérit les divisions mais n'élimine pas les différences. Tout comme Michel-Ange qui découvre la beauté latente cachée dans la pierre lorsqu'il sculpte, le Saint-Esprit nous libère pour que nous devenions l'être unique que chacun de nous peut être. Être « un en Christ » (Galates 3.28) ne doit donc pas être confondu avec devenir « le même en Christ ». Cela est vrai pour chacun de nous, chrétiens, et pour chaque communauté chrétienne. Certes, en Christ, nous avons une identité commune et un air de famille, mais nous reflétons cela dans une riche diversité d'expressions.

Paul ne dit donc pas aux Juifs qui suivent le Christ de renier, de rejeter ou d'abandonner toutes leurs pratiques juives. De même, il est clair que les chrétiens d'autres origines ne doivent pas adopter des pratiques qui sont propres au seul judaïsme. Tant au sein des communautés chrétiennes qu'entre elles, il y aura différentes expressions culturelles de l'unique foi chrétienne. Paul reconnaissait Abraham comme « notre père à tous » (Romains 4.16), c'est-à-dire père des Juifs et des païens, des gens de toutes les races et cultures de la terre. Le Dieu unique et Père de tous est adoré dans une grande variété d'expressions culturelles.

Tout en reconnaissant cela, Paul a néanmoins dû faire face au défi du tribalisme chrétien. Chez les disciples du Christ à Corinthe, le danger était déjà présent et évident. Certains considéraient qu'ils devaient en premier lieu faire allégeance à une personne particulière - Paul ou Céphas ou Apollos, par exemple - et non au Christ. Nous pouvons le constater tout au long de l'histoire et même aujourd'hui, lorsque des « courants » ou des « écoles » de chrétiens affirment leur supériorité morale, théologique ou spirituelle sur tous les autres, et prétendent être la seule véritable Église. Cela peut bien sûr se produire entre les confessions chrétiennes, mais aussi en leur sein. Paul lui-même a été soumis à un tel esprit de jugement de la part des « super-spirituels » (*pneumatikoi*) de Corinthe, qui tournaient en dérision sa prétention à la qualité d'apôtre, car, selon eux, les vrais apôtres n'auraient jamais eu à souffrir comme Paul l'a fait. Paul les exhorte – et nous aussi aujourd'hui – à faire de la place pour ceux qui sont différents : « Notre cœur vous est ouvert. [...] En retour [...] ouvrez, vous aussi, tout grand vos cœurs » (2 Corinthiens 6.11,13). L'Esprit saint vient « ouvrir grand nos cœurs » pour nous rendre plus grands, plus larges - en laissant plus d'espace pour Dieu et pour les autres.

Une pause pour réfléchir…

En ces jours-là, dix hommes de toutes les nations et de toutes les langues saisiront un Juif, s'agripperont à son vêtement et diront : « Laissez-nous aller avec vous, car nous avons appris que Dieu est avec vous. »

Zacharie 8.23

Devenons-nous des gens plus ouverts, plus compatissants, pour témoigner de la largeur de la miséricorde de Dieu ? Ou, au contraire, avons-nous pris le parti de la sécurité et de ce qui nous est familier ?

Sommes-nous enrichis par la grande diversité du peuple de Dieu, ou sommes-nous devenus un troupeau de semblables ?

… et une pause pour prier

Après cela, je regardai, et voici, il y avait une grande foule que personne ne pouvait compter, de toutes nations, de toutes tribus, de tous peuples et de toutes langues, ils se tenaient devant le trône et devant l'Agneau.

Apocalypse 7.9

Car il est notre paix… et il a abattu le mur de séparation, c'est-à-dire l'hostilité entre nous.

Éphésiens 2.14

Père, qui as fait tous les peuples à ta ressemblance
et qui aimes tous ceux que tu as créés,
ne nous laisse pas nous séparer de toi
en érigeant des barrières de race ou de couleur.
Comme ton Fils, notre Sauveur, est né d'une mère hébraïque,
mais s'est réjoui de la foi d'une Syrienne et d'un soldat romain,
comme il a accueilli les Grecs qui le cherchaient
et permis à un Africain de porter sa croix,
enseigne-nous à voir tous les peuples,
de toute race et de toute nation,
comme les héritiers du royaume de ton Fils,
Jésus-Christ notre Seigneur.

Toc H prayer

QUESTION

Jésus nous pose la question : « Si vous saluez seulement vos frères, que faites-vous d'extraordinaire ? » (Matthieu 5.47).

L'envoi – Solomon Raj (voir description p. 191)

Allez… Et rappelez-vous, je suis avec vous pour toujours, jusqu'à la fin des temps.

Matthieu 28.19-20

4. Se tourner vers l'extérieur : amoureux du monde de Dieu

La largeur de Dieu

La Vierge du signe – sœur Lara Sacco (voir description p. 191)

> Ton sein est devenu plus vaste que les cieux, pour contenir l'incontenable.
>
> Hymne orthodoxe à Marie

Dieu, la sainte Trinité, en créant, rachetant et conduisant, est celui qui fait de la place pour son peuple et dans son peuple.

Dieu, le créateur

> Il donne à toutes les créatures sur terre de larges espaces, des sources, des rivières, des forêts.
>
> Grégoire de Nazianze[1]

Dans le récit de Genèse 1, la création se fait par séparation : séparation de la lumière et des ténèbres, séparation des eaux d'en haut et des eaux d'en bas, séparation de l'eau et de la terre sèche. Dans ces séparations, Dieu fait de la place pour ses créatures. Dans l'étendue du ciel, Dieu met les deux grands luminaires et les luminaires plus petits ; dans l'espace aérien, les oiseaux ; dans l'espace aquatique, les poissons ; dans l'espace terrestre, les animaux ; et enfin, comme point culminant de sa création, il crée l'humanité à sa propre image, en lui donnant l'espace pour vivre pleinement une relation avec lui-même, les uns avec les autres, avec ses créatures et, finalement, avec sa création tout entière. Olivier Clément écrit : « Dans l'acte créateur même, Dieu se limite d'une certaine manière, il se retire pour donner aux êtres humains un espace de liberté[2]. »

Dieu, le rédempteur

Il m'a conduit au large ; il m'a sauvé parce qu'il se réjouit en moi.

Psaume 18.19

Ainsi, si le Fils vous rend libres, vous serez vraiment libres.

Jean 8.36

Le Christ nous a libérés pour la liberté.

Galates 5.1

La racine hébraïque et arabe du mot désignant le salut, que l'on retrouve sous des formes variables dans Josué, Yasha ou Jésus, signifie en fait « élargissez-vous, faites de la place, faites de l'espace[3] ». Jésus est le nom de celui qui délivre son peuple en le faisant passer de l'esclavage à la liberté, de l'enfermement aux larges espaces. Miroslav Volf écrit : « Sur la croix, Dieu renouvelle l'alliance en faisant de l'espace pour l'humanité dans l'être même de Dieu[4]. » Jésus, dans son amour rédempteur, vient faire de la place pour que nous puissions vivre en lui, dans son immense amour, et jouir en lui d'une véritable liberté : « Demeurez en moi comme je demeure en vous » (Jean 15.4). L'expression la plus courante chez Paul pour désigner l'identité chrétienne est de parler de ceux qui vivent « en Christ » et de ceux en qui le Christ vit, « le Christ en nous ». En Christ, nous sommes invités à découvrir « la glorieuse liberté des enfants de Dieu » (Romains 8.21), en investissant l'espace gagné pour nous par l'amour rédempteur du Christ. Comme le dit Colin Gunton :

> La vocation d'une communauté de réconciliation est de rassembler ceux qui apprennent à vivre dans cet espace acquis par la victoire de Jésus pour la vie du monde. Ce n'est qu'alors qu'elle pourra ouvrir un espace dans lequel d'autres pourront trouver la liberté[5].

Bénéficiaires d'un espace offert par Dieu, nous sommes appelés à être des créateurs d'espace pour les autres.

Dieu, le Saint-Esprit

> Vous connaîtrez la vérité, et la vérité vous rendra libres.
>
> Jean 8.32

> Là où est l'Esprit du Seigneur, là est la liberté.
>
> 2 Corinthiens 3.17

> Tout comme les choses exposées à une source de chaleur se dilatent, c'est le don de l'amour que d'ouvrir grand les cœurs.
>
> Saint Jean Chrysostome[6]

Dans la liturgie d'ordination de l'Église anglicane, l'évêque exhorte les ordinands à prier sincèrement pour recevoir le Saint-Esprit, en leur disant : « afin que votre cœur s'élargisse chaque jour et que votre compréhension des Écritures soit éclairée ». Pour voir comme Dieu voit, il faut que soient élargis les horizons de notre cœur et de notre esprit. Le Saint-Esprit vient pour faire de nous des personnes plus larges de cœur et d'esprit, plus accueillantes pour Dieu et pour les autres. Paul exhorte les factions opposées de Corinthe à ne pas amoindrir le corps du Christ en se jugeant mutuellement, mais à ouvrir largement leur cœur comme le Seigneur leur a ouvert le sien (2 Corinthiens 6.11-13). Le père Benson, fondateur de la Société de Saint-Jean l'Évangéliste – les « Cowley Fathers » – écrit :

> L'Esprit saint s'adapte à notre petitesse pour que nous puissions répondre à sa grandeur. Il nous faut connaître la douleur de l'élargissement [...]. Nous sommes, en effet, non pas écartelés comme jadis les suppliciés, mais élargis par la glorieuse venue du Saint-Esprit[7].

Devenir un avec Dieu, c'est, par l'Esprit saint, être libérés, non pas de notre milieu culturel, puisque Dieu agit aussi dans et par la culture, mais libérés de nos préjugés personnels et sociaux qui nous empêchent de découvrir la profondeur et la largeur de l'amour de Dieu. Être un avec Dieu, par le calme et la prière, par un repentir véritable, par la louange et par l'amour des uns pour les autres, c'est être unis dans l'amour de Dieu pour le monde. L'amour de Dieu est tourné vers l'extérieur, il embrasse toute la terre habitée. Ne faire qu'un avec Dieu, c'est débarrasser notre regard des œillères de notre propre milieu.

Adorer « en esprit et en vérité » rend fructueux notre témoignage pour la mission que Dieu nous confie (Jean 4.24). Se retirer dans « un lieu désert » pour prier n'est pas échapper aux réalités du monde ; c'est les discerner plus clairement et nous équiper pour nous engager à leur faire face plus efficacement dans la prière et dans l'action. Ce temps passé seul avec Dieu, si important pour Jésus, est un fondement essentiel de la vie et du témoignage chrétiens. Mais il ne s'agit pas de vivre ce temps de retrait comme une fuite. On ne se retire pas dans la solitude pour être seuls, mais pour approfondir notre relation avec Dieu dans son amour pour toute la terre habitée et en solidarité avec elle. La dimension contemplative de la prière, en nous ouvrant à l'amour et à la présence de Dieu, inspire et féconde notre témoignage dans ce monde que Dieu a tant aimé.

L'espace que nous offrons à Dieu dans notre prière permet à Dieu d'élargir notre cœur, d'éclairer notre esprit et de ménager en nous plus de place pour les autres. Comme pour les arbres, plus nos racines sont profondes en Dieu, plus nos branches pourront s'étendre par son amour. Puisque Dieu nous a fait de la place en lui, nous devons faire de la place pour les autres ; puisque nous avons été pardonnés, nous pouvons pardonner ; parce que nous avons été réconciliés, nous pouvons nous réconcilier ; puisque Dieu nous a accueillis, nous pouvons à notre tour accueillir les autres. Le pape Jean-Paul II l'a bien saisi lorsqu'il a déclaré : « Nous avons besoin de messagers de l'Évangile qui soient des experts en humanité, des personnes qui aient partagé pleinement les joies et les espoirs, les angoisses et les tristesses de notre époque, mais qui soient en même temps des contemplateurs amoureux de Dieu[8]. » Notre témoignage sera alors celui du Christ, qui a abattu les murs de séparation (Éphésiens 2.14).

De la xénophobie à la xénophilie : de la peur des étrangers à l'amour des étrangers

> Ne négligez pas de faire preuve d'hospitalité envers les étrangers, car en faisant cela, certains, sans le savoir, ont accueilli des anges.
>
> Hébreux 13.2

L'hospitalité d'Abraham et Sarah (voir description p. 191)

J'espère ne choquer personne si je cherche à faire de la religion chrétienne une auberge où tous sont accueillis avec joie, plutôt qu'une villa qui accueillera seulement quelques amis de la famille[9].

Richard Hooker (1554-1600)

Lorsque Jésus dit que « celui qui cherche à préserver sa vie la perdra » (Luc 17.33), le mot utilisé pour « préserver » (mettre en lieu sûr) vient de *peripoien*, qui signifie littéralement « faire le tour ». C'est l'image des barrières que l'on met tout autour de nous afin de garder notre identité en sécurité derrière elles. Mais la sécurité est un objectif dangereux dans la vie spirituelle, surtout s'il s'agit de la sécurité illusoire d'être sûr d'avoir raison, ou de la sécurité grégaire de « qui se ressemble s'assemble », ou encore d'une sécurité apeurée qui croit se prémunir en maintenant dehors l'étranger. La désormais célèbre icône de la Trinité de Roublev est appelée « L'icône de la xénophilie ». Elle représente l'hospitalité de Dieu, la sainte Trinité, qui accueille l'étranger. Le langage visuel de l'icône renvoie à l'hospitalité d'Abraham et de Sarah, telle qu'elle est décrite en Genèse 18, lorsque, aux chênes de Mamré, ils accueillent et prennent soin de trois étrangers qui se révéleront plus tard à eux comme étant Dieu lui-même. L'hospitalité de Dieu nous invite à être « participants de la nature divine » (2 Pierre 1.4), participants de cette vie de la sainte Trinité, où l'amour est toujours donné et toujours reçu. Notre hospitalité envers l'étranger, qui fait écho à l'hospitalité de Sarah et d'Abraham, est aussi hospitalité envers Dieu lui-même, que nous rencontrons dans l'étranger. En tant qu'étrangers qui avons été nous-mêmes accueillis par Dieu, nous accueillons les étrangers, au nom de Dieu. En accueillant l'étranger, c'est Dieu que nous accueillons.

La Trinité – Andreï Roublev (voir description p. 192)

L'amour inconditionnel de Dieu

> Car il fait lever son soleil sur les méchants et sur les bons, et il fait pleuvoir sur les justes et sur les injustes.
>
> Matthieu 5.45

Cet accueil – l'accueil de Dieu, et l'accueil des autres en son nom – est un accueil pour tous. Il n'y a personne en dehors ou hors de sa portée. L'amour de Dieu est aveugle, il ne discrimine personne. Grégoire de Nysse déclarait que, dans chaque être humain, quelles que soient ses origines ou ses croyances, le chrétien fidèle doit discerner celui pour qui le Christ est mort. Je me souviens avoir fait un pèlerinage au sanctuaire Julienne à Norwich, en 1986, où j'ai eu le privilège de passer du temps avec le père Robert Llewellyn, le gardien, qui a beaucoup fait pour rendre accessibles les écrits de la mère Julienne. Le jour où je l'ai vu, il était enthousiasmé par un certain verset, qui pour lui avait pris vie d'une manière nouvelle : « Nous devons aimer nos ennemis et prier pour ceux qui nous persécutent. » Nous devons être et agir comme des enfants de notre Père céleste, qui « fait lever son soleil sur les méchants et sur les bons, et qui fait pleuvoir sur les justes et sur les injustes » (Matthieu 5.45). L'amour de Dieu est radicalement et scandaleusement inclusif. Il n'est pas réservé aux religieux. Comme l'a douloureusement découvert l'apôtre Pierre, Dieu n'a pas de favoris (Actes 10.34). Dieu ne fait pas de différence entre les gens, qu'ils soient religieux ou non. (Entre parenthèses, nous pourrions dire que, bien que, dans l'Église d'aujourd'hui en Occident, le terme « inclusif » soit revendiqué par un mouvement particulier et significatif au sein de l'Église, l'inclusivité de Dieu englobe évidemment ceux qui contestent ce point de vue. Où que nous soyons et quelles que soient nos opinions, l'amour de Dieu inclut nos ennemis. Pour éviter les dangers de l'esprit de chapelle, nous devons le reconnaître.)

Lorsque l'empereur Julien, quelque cinquante ans après la conversion de Constantin, a tenté d'éliminer la foi chrétienne de l'Empire, il n'a pas réussi. Déplorant son échec, il a écrit : « Ces impies Galiléens [c'est-à-dire les chrétiens] se préoccupent non seulement des leurs, mais aussi et tout autant des nôtres.[10] » Ils manifestaient que l'amour de Dieu n'est ni sectaire ni réservé à une chapelle. S'occuper des nôtres, bien qu'important, voire essentiel, ne suffit pas. Dans ses lettres, Paul s'est manifestement efforcé par tous les moyens d'encourager l'unité et la mutualité de l'amour et du service dans et entre les communautés de disciples du Christ qu'il a fondées. Il affirme cependant tout aussi clairement que l'amour de Dieu doit être tout autant manifesté à ceux qui se trouvent en dehors de ces communautés : « Chaque fois que nous en avons l'occasion, travaillons pour le bien de tous » (Galates 6.10). Les disciples du Christ doivent faire preuve d'« hospitalité envers les étrangers » (Romains 12.13), être « bons envers tous » (2 Timothée 2.24), faire connaître leur « douceur à tous » (Philippiens 4.5) et « être doux et faire preuve de bienveillance envers tous » (Tite 3.2).

Une pause pour réfléchir…

Élargis l'espace de ta tente, les toiles de tes demeures, qu'on les distende ! Ne ménage rien ! Allonge tes cordages et tes piquets, fais-les tenir…

Ésaïe 54.2

Alors les gens viendront de l'est et de l'ouest, du nord et du sud, et ils mangeront dans le royaume de Dieu.

Luc 13.29

Souvenez-vous, le Seigneur nous invite tous ; et comme il est lui-même la vérité, nous ne pouvons pas douter de lui.

Sainte Thérèse d'Avila[11]

L'immensité de la miséricorde de Dieu
est comme l'immensité de la mer ;
il existe une bonté dans la justice de Dieu,
qui est plus que la liberté.

Frederick Faber (1814-1863)

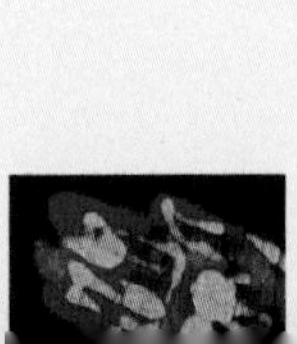

… et une pause pour prier

Tu aimeras l’étranger comme toi-même, car vous étiez des étrangers au pays d’Égypte : je suis l’Éternel, ton Dieu.

Lévitique 19.34

Derrière les barbelés – Solomon Raj (voir description p. 192)

Ô Dieu, ouvre mon cœur pour que le monde entier y entre.

Mère Teresa de Calcutta

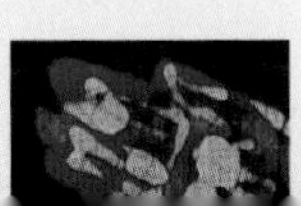

Frères et sœurs en humanité

Nous devons prier non pas pour que les autres se convertissent à nous, mais pour que nous soyons tous plus proches du Christ. L'horizon spirituel de la prière pour l'unité n'est pas seulement le christianisme, c'est la rédemption du genre humain.

Père Paul Couturier[12]

La mort de tout homme m'atteint parce que je fais partie de l'humanité.

John Donne[13]

Il y a une diversité chez ceux qui partagent la même nature humaine… mais dans tous, l'humanité est une.

Saint Grégoire de Nysse[14]

Face à la violence diabolique perpétrée par les groupes terroristes au cours des derniers mois et des dernières années, c'est sûrement selon la volonté et les desseins de Dieu que les dirigeants chrétiens ont pris la parole, non seulement pour les victimes chrétiennes mais aussi pour les yézidis et les musulmans, ces derniers étant de loin les plus nombreux au Moyen-Orient. Notre solidarité en tant que chrétiens avec les chrétiens persécutés – nous qui, en Occident, en avons souvent si peu témoigné – n'est pas une solidarité de clan qui exclut les autres. C'est plutôt un signe nécessaire et un avant-goût de l'unité à laquelle le Christ appelle tous les hommes, c'est-à-dire tous les êtres humains de toutes races et cultures, une unité dans laquelle, en fin de compte, le Christ « sera tout et en tous » (Colossiens 3.11).

Un moine est quelqu'un qui est séparé de tout et uni à tous[15]

Les Pères et les Mères du désert savaient que, dans leur vocation à une vie de prière dans le désert, ils ne fuyaient pas le monde mais entraient plus profondément dans l'amour de Dieu pour le monde, et s'engageaient dans un combat spirituel par la prière pour le monde entier. Dans cette prière au désert, en recevant plus pleinement l'amour de Dieu et en aspirant au salut du monde – lorsque le Christ sera « tout en tous » –, ils ont découvert et sont entrés dans une profonde solidarité priante avec toute l'humanité. Ainsi Antoine d'Égypte a pu écrire : « Notre salut est avec notre prochain. Nous sommes tous d'une même substance et membres les uns des autres, car celui qui aime son prochain aime Dieu, et celui qui aime Dieu aime sa propre âme[16]. » Des siècles plus tard, William Tyndale a écrit : « À ton voisin, tu dois ton cœur, toi-même et tout ce que tu as et peux faire[17]. » Matthew Arnold cite Thomas Wilson, évêque de Sodor et Man, au XVIIIe siècle : « Ce n'est pas tant dans l'intérêt de notre voisin que nous l'aimons, mais dans le nôtre. Notre salut dépend dans une certaine mesure de celui des autres[18]. » Le saint russe du XXe siècle Silouane l'Athonite écrit : « Heureuse l'âme qui aime son frère/sa sœur, car son frère/sa sœur est sa vie[19]. » Puis, faisant écho aux paroles de l'apôtre Paul sur la solidarité : « Quand un membre souffre, tous souffrent », il écrit : « La souffrance de l'autre est ma souffrance, la guérison de mon voisin est ma guérison, la gloire de mon frère sera ma gloire[20]. »

Nous avons un témoignage de cet amour du Christ, qui fait tomber les murs de séparation, dans la vie d'Edith Cavell, une infirmière anglicane de Norfolk. Elle a servi en Belgique, alors occupée par les Allemands, durant la Première Guerre mondiale. Elle a soigné tous les blessés, sauvant ainsi la vie non seulement des soldats alliés mais aussi, sans discrimination, des Allemands. Elle a été accusée de trahison par les Allemands pour avoir sauvé la vie de certains blessés alliés en les aidant à s'échapper vers la Hollande. Face au peloton d'exécution, elle a déclaré :

> Je n'ai pas peur de faiblir. J'ai vu la mort si souvent qu'elle ne m'est ni étrangère ni effrayante. Ce que je voudrais dire, alors que je me tiens face à Dieu et à l'éternité, [...] c'est que je me rends compte que le patriotisme ne suffit pas. Je dois n'avoir aucune haine ni amertume envers qui que ce soit[21].

Nous constatons une même solidarité motivée par la foi chrétienne par-delà les barrières de nationalité dans la vie de la mère Maria Skobtsova. Lorsque les Juifs ont été pris pour cible par les nazis à Paris et obligés de porter l'étoile de David, la mère Maria a écrit : « Si nous étions de vrais chrétiens, nous porterions tous l'étoile[22]. » En mars 1945, elle a elle-même été déportée à Ravensbrück, et on dit qu'elle a volontairement pris la place d'une autre femme envoyée à la chambre à gaz. La mère Maria a été martyrisée non pas pour sa solidarité avec les chrétiens mais avec les Juifs. Son témoignage, qui lui a coûté si cher, nous dit le profond amour de Dieu pour l'humanité tout entière.

Une pause pour réfléchir…

À partir d'un même ancêtre, il a fait de toutes les nations des habitants de la terre entière.

Actes 17.26

Et moi, quand je serai élevé de la terre, j'attirerai tous les peuples à moi.

Jean 12.32

Nous devons être sauvés ensemble. Nous devons venir à Dieu ensemble. Ensemble, nous devons tous retourner dans la maison du Père. Que nous dirait Dieu si certains d'entre nous venaient à lui sans les autres ?

Charles Péguy[23]

… et une pause pour prier

Seigneur Jésus-Christ,
aide-nous à voir en chacun que nous croisons
une sœur ou un frère à ton image,
quelqu'un pour qui tu as vécu, pour qui tu es mort et ressuscité,
un enfant que tu as toi-même racheté,
précieux à tes yeux et appelé par son nom.

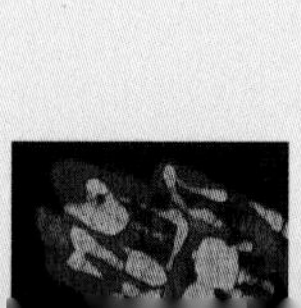

L'envoi – Solomon Raj (voir description p. 192)

Franchir les frontières : « des agneaux au milieu des loups »

Allez, je vous envoie comme des agneaux au milieu des loups.

Luc 10.3

Marchez avec sagesse vers ceux qui sont dehors, en rachetant le temps.

Colossiens 4.5

Je ne peux pas chanter la louange d'une vertu évanescente et hors du monde, inactive et désincarnée, qui n'irait jamais se confronter à son adversaire, mais fuirait honteusement la poussière et la sueur d'une course à laquelle est promise une couronne immortelle.

John Milton[24]

J'ai découvert récemment que, si ses aiglons sont réticents à quitter le nid et à voler, la mère aigle ira chercher des objets pointus ou rugueux pour les mettre dans le nid. Pour devenir des aigles, les aiglons doivent sortir du confort du nid et apprendre à voler. Dans la même veine aviaire, j'ai vu dans une vitrine de Kenilworth quelques poussins logés dans un récipient en verre convenablement chauffé et ventilé. Sur un panneau était écrit : « S'ils ne bougent pas, cela veut dire qu'ils dorment. » Je me suis dit que ce panneau pourrait orner tous les porches d'église !

En tant que peuple appelé, nous sommes aussi un peuple envoyé. Jésus dit « venez », mais Jésus dit aussi « allez ». Dieu, qui en Christ a franchi toutes les frontières et abattu les murs de séparation (Éphésiens 2.14), nous appelle nous aussi à franchir les frontières. Nous sommes appelés à laisser derrière nous nos confortables sécurités familiales, tribales et même ecclésiales pour aller là où nous serons vulnérables, comme des « agneaux au milieu des loups ». Nous nous sentirons alors en terrain dangereux, sans pouvoir compter sur nos propres forces ou sur la fausse sécurité d'avoir reçu « une charge » ou même « une autorité ». C'est alors que nous devrons avoir confiance en Dieu et en Dieu seul. C'est, par définition, connaître une vie précaire. Ce mot est particulièrement approprié, car il est de la même racine que le mot latin *preces*, qui signifie « prières ». Participer à la vie et à la mission de Dieu est une question de dépendance à l'égard de Dieu, de vulnérabilité, de prière et de confiance. Simon Tugwell décrit la vie de François d'Assise comme « une vie radicalement dépourvue de toute protection[25] ». L'Église est vraiment l'Église lorsqu'elle n'est pas tranquillement centrée sur elle-même, comptant sur sa respectabilité ou son influence en tant qu'Église, mais plutôt lorsqu'elle est précairement christocentrique, vivant et témoignant dans la dépendance quotidienne du Saint-Esprit, dans ce monde pour lequel le Christ est mort. Il ne faut pas s'étonner que l'Église croisse généralement davantage lorsqu'elle n'est protégée par aucun statut ni pouvoir mondain, ou lorsqu'elle est persécutée.

Les adolescents disent souvent à leurs parents : « Vous devriez sortir de chez vous ! Le monde change ! » : des mots que devraient entendre beaucoup d'entre nous qui, dans l'Église, recherchons plus notre confort que la transformation de nos vies. Nous devons sortir davantage, sortir de nos zones de confort. Lorsque les soixante-dix disciples reviennent, après avoir été envoyés « comme des agneaux au milieu des loups », ils débordent de joie (Luc 10.17). Ils ont fait l'expérience de l'extraordinaire assistance de Dieu, qui leur a été donnée au moment même – et pas avant – où ils ont osé faire confiance et obéir au commandement de Jésus. C'est dans cette vie dangereuse et sans protection, hors de nos zones de confort, que nous faisons cette découverte. Mais combien d'entre nous osent réellement franchir les frontières ? Qui ose, d'agneau au milieu des moutons, devenir agneau au milieu des loups ? Combien d'entre nous osent sortir de leurs tranchées et aller dans le « no man's land », sans parler du territoire « ennemi », où ils devront s'en remettre entièrement à Dieu ? Combien d'entre nous osent laisser derrière eux leurs sécurités personnelle, sociale ou théologique pour devenir « radicalement sans défense », « comme des agneaux au milieu des loups » ?

Martin Luther a écrit des mots qui bousculent le confort insidieux dans lequel nous sommes tentés de nous installer :

> Le royaume de Dieu doit être au milieu de vos ennemis. Et ceux qui ne veulent pas souffrir cela ne veulent pas être du royaume du Christ ; ils veulent être parmi les amis, s'asseoir parmi les roses et les lys, non pas avec les méchants mais avec les gens pieux. Ô vous qui blasphémez et trahissez le Christ ! Si le Christ avait fait ce que vous faites, qui donc aurait été épargné[26] ?

Réconciliation

Le ministère de la réconciliation est avant tout celui qui nous fait franchir les frontières. Le mot que Paul utilise pour la réconciliation est *katallagein* (substantif) ou *katalasso* (verbe). La racine de ces mots est *allos*, qui signifie « autre ». *Alasso* signifie « faire autrement », « modifier ». Il indique le changement ou même l'échange. *Kata* peut signifier non seulement « en bas », le contraire d'*ana*, qui signifie « en haut », mais aussi « à côté ». Ainsi une interprétation possible de la manière dont Paul comprend la réconciliation pourrait être : « se mettre aux côtés de celui qui est autre ». Comme chrétiens, nous sommes appelés à être, en reprenant la formule de Barth, des « réconciliateurs réconciliés ». Il s'agit d'une interprétation étroitement liée aux Écritures, au cœur de notre vocation chrétienne. Lorsque Paul écrit, en 2 Corinthiens 5.19, que « c'est en Christ que Dieu a réconcilié le monde avec lui-même, sans tenir compte de leurs fautes, et qu'il nous a confié le message de la réconciliation », la traduction littérale de cette dernière phrase est « avoir mis en nous » le message de la réconciliation. Paul ne parle pas simplement de l'idée de réconciliation, mais de l'expérience de la réconciliation. Paul veut dire que ceux qui ont eux-mêmes reçu et vécu la réconciliation accomplie par le Christ sont appelés à devenir des ambassadeurs du Christ. Pour Paul, la réconciliation n'est pas un don humain que l'on aurait la capacité de donner. Elle n'est pas et ne peut jamais être une œuvre humaine. La réconciliation est un don de Dieu, accompli par le Christ. Ceux qui ont reçu ce don et s'en sont appropriés sont appelés à le partager. Ils sont appelés, en tant que réconciliateurs réconciliés, à franchir les frontières, à aller vers « l'autre », à faire de la place pour l'autre. Cela signifie prendre des risques et franchir des frontières pour l'amour de l'Évangile.

L'amour des ennemis

> Écoutez ce que je vous dis, aimez vos ennemis, faites du bien à ceux qui vous haïssent.
>
> Luc 6.27

Saint Silouane de l'Athos décrit l'amour de nos ennemis comme l'unique « critère de la vraie foi[27] ». « Ceci, dit Silouane, exprime avant tout notre ressemblance avec le Christ qui, sur la croix, a prié : «Père, pardonne-leur, car ils ne savent pas ce qu'ils font.» » Silouane va encore plus loin, en disant que, si nous ne prions pas pour nos ennemis, nous perdons la grâce de Dieu. Jésus nous appelle à aimer nos ennemis et à bénir ceux qui nous persécutent. Mais comment est-ce possible ? Comment Étienne, lapidé à mort, a-t-il pu prier : « Seigneur, ne les charge pas de ce péché » (Actes 7.60) ? « Ce n'est pas possible », répondrons-nous spontanément, comme nous avons pu en faire l'amère expérience. Du moins, sans l'aide de Dieu, sans le Saint-Esprit, ce n'est pas possible. « Celui qui ne possède pas le Saint-Esprit, dit Silouane, n'a pas le désir de prier pour ses ennemis[28]. » Seul l'amour de Dieu à l'œuvre en nous peut nous donner le désir et la capacité de prier pour nos ennemis.

La plupart d'entre nous ne savent que trop bien à quel point nous sommes loin du compte. Si nous sommes honnêtes, nous devons reconnaître que nous ne voulons même pas prier pour nos ennemis, sans parler de les aimer. Mais regarder cela en face, reconnaître notre incapacité à aimer et à bénir nos ennemis, puis rechercher la grâce de Dieu pour le faire, nous ramène sur le terrain de l'espérance. Nous pouvons être encouragés et inspirés par la grâce de Dieu à l'œuvre dans la vie et le témoignage des autres. L'évêque serbe Nicolas Velimirovitch, qui a rencontré Silouane au monastère Saint-Panteleimon sur le mont Athos, a reçu la grâce de réaliser comment ses ennemis, qui étaient nombreux, pouvaient le conduire à vivre une dépendance plus profonde à Dieu. Dans ses magnifiques *Prayers by the Lake*, il écrit :

> Bénis mes ennemis, Seigneur, et moi aussi je les bénis et ne les maudis pas. Mes ennemis m'ont plus poussé dans tes bras

que mes amis. Mes amis m'ont lié à la terre ; mes ennemis ont desserré mes liens avec la terre et ont détruit tous mes espoirs dans ce monde. Bénis mes ennemis, Seigneur, et moi aussi je les bénis[29].

Dans l'émission de la BBC à Noël 1940, moins de six semaines après le bombardement de Coventry et la destruction de la cathédrale, le prévôt Richard Howard a déclaré :

> Ce que nous voulons dire au monde, c'est ceci : avec le Christ né de nouveau dans nos cœurs aujourd'hui, nous essayons, aussi dur que cela puisse être, de bannir toute pensée de vengeance... Nous allons essayer de faire un monde plus généreux, plus simple, plus proche de l'enfant-Christ dans les jours qui suivront ce conflit[30].

L'un des exemples récents les plus inspirants de cet amour des ennemis nous vient du martyre des sept frères trappistes de Tibhirine, en Algérie, en 1996. Leur histoire est racontée avec une force de conviction extraordinaire dans le film *Des hommes et des dieux*. Ces sept frères, ayant été menacés par des hommes armés et sachant que leur vie était en danger, ont choisi de rester dans leur monastère, vivant une vie de simplicité, de pauvreté et de prière, se mettant au service des musulmans très pauvres qui vivaient autour d'eux. Connaissant la possibilité de sa mort imminente, le père Christian de Chergé a écrit dans son testament spirituel : « J'espère que, le moment venu, je serai suffisamment conscient pour demander pardon à Dieu et à mes frères en humanité, et en même temps pardonner de tout mon cœur à mon agresseur. » En s'adressant à l'inconnu qui allait le tuer - comme s'il savait qu'il serait tué –, il écrit :

> Et à toi aussi, ami de la dernière heure, qui ne savais pas ce que tu faisais, j'adresse ce MERCI et cet A-DIEU et je souhaite que nous puissions nous retrouver comme d'heureux larrons au paradis, s'il plaît à Dieu, le Père de nous tous. Amen[31].

Une pause pour réfléchir…

Bénissez ceux qui vous persécutent ; bénissez et ne maudissez pas.

Romains 12.14

Je suis l'ennemi que tu as tué, mon ami.

Wilfred Owen[32]

Ils ont tracé un cercle qui m'a exclu :
hérétique, rebelle, un objet de mépris.
Mais l'Amour et moi nous les avons bien eus :
nous avons tracé un cercle où ils ont été pris.

Charles Edwin Markham[33]

Il n'y aura jamais d'êtres non aimés de Dieu, puisque Dieu est l'amour absolu.

Hans Urs von Balthasar[34]

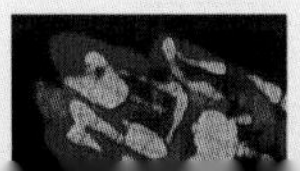

… et une pause pour prier

Tous ont péché et sont privés de la gloire de Dieu.

Romains 3.23

La haine qui divise nation contre nation, race contre race, classe contre classe,

Père, pardonne.

Le désir cupide des peuples et des nations de posséder ce qui ne leur appartient pas,

Père, pardonne.

L'avidité qui exploite le travail des mains humaines et détruit la terre,

Père, pardonne.

Notre jalousie du bien-être et du bonheur des autres,

Père, pardonne.

Notre indifférence au sort des prisonniers, des sans-abri, des réfugiés,

Père, pardonne.

La convoitise qui déshonore le corps des hommes, des femmes et des enfants,

Père, pardonne.

L'orgueil qui nous conduit à avoir confiance en nous-mêmes et non en Dieu,

Père, pardonne.

La litanie de réconciliation de Coventry

Soyez bons les uns envers les autres, tendres de cœur, vous pardonnant mutuellement, comme Dieu en Christ vous a pardonné.

Éphésiens 4.32

QUESTION

La question que nous pose Jésus : « Si vous aimez ceux qui vous aiment, quelle est votre récompense ? » (Matthieu 5.46).

Évangélisation et miséricorde – Solomon Raj (voir description p. 192)

Quant à moi, jamais je ne mettrai ma fierté en rien d'autre que dans la croix de notre Seigneur Jésus-Christ par qui le monde est crucifié pour moi, comme je le suis pour le monde.

Galates 6.14

5. Se tourner vers la croix

Prendre la croix

> Tout ce que je désire, c'est de connaître le Christ et la puissance de sa résurrection, d'avoir part à ses souffrances et d'être rendu semblable à lui dans sa mort.
>
> Philippiens 3.10 (NFC)

> Celui qui ne porte pas la croix et ne me suit pas ne peut être mon disciple.
>
> Luc 14.27

> C'est jusqu'à la croix que le chrétien est mis au défi de suivre son Maître. Aucun chemin de rédemption ne peut l'esquiver.
>
> Hans Urs von Balthasar[1]

Le poète Rainer Maria Rilke écrit, dans « Le cygne » : « Nous avons à nous détacher de la terre sur laquelle nous nous tenons et à laquelle nous nous accrochons chaque jour[2]. » Il y a une présence de la croix inéluctable dans toute vie chrétienne. Jésus nous appelle « à prendre notre croix chaque jour et à le suivre » (Luc 9.23). Lorsque j'ai visité le monastère Saint-Paul sur le mont Athos, il y a de nombreuses années, j'ai lu ces mots à l'extérieur du monastère : « Si tu ne meurs pas avant de mourir, tu mourras quand tu mourras. » Au cœur même de l'appel de Jésus se trouve l'appel à mourir, à perdre sa vie pour la retrouver. Dietrich Bonhoeffer a écrit : « Quand le Christ appelle quelqu'un, il l'appelle à mourir[3]. » C'est le chemin de la croix qui est le chemin de la vie et de la résurrection.

L'apôtre Paul

> J'ai été crucifié avec le Christ ; et ce n'est plus moi qui vis, mais le Christ qui vit en moi.
>
> Galates 2.19-20

> Mourants, et pourtant nous vivons.
>
> 2 Corinthiens 6.9

Paul savait que la mort et la résurrection sont inséparables et il en avait fait très profondément l'expérience. Car « tant que nous vivrons, nous serons toujours livrés à la mort à cause de Jésus, afin que la vie de Jésus soit rendue visible dans notre chair mortelle » (2 Corinthiens 4.11). Plus loin dans la même lettre, Paul exprime cela de manière simple et directe : « Mourants, et pourtant nous vivons » (2 Corinthiens 6.9). Le grand prédicateur John Henry Jowett (1863-1923), dans l'un de ses sermons, racontait comment, lors d'une randonnée dans des montagnes enneigées, il avait suivi la trace sanglante d'un lièvre blessé. Et cette trace l'avait fait penser à Paul lors de ses voyages à travers l'Europe. Très certainement, car ce thème imprègne profondément la Deuxième épître aux Corinthiens, Paul connaissait bien ce paradoxe de la grâce et de la puissance de Dieu qui sont à l'œuvre dans et à travers la fragilité, les luttes et les afflictions humaines.

> Nous portons ce trésor dans des vases d'argile... Nous sommes affligés de toutes les manières, mais pas écrasés.
>
> 2 Corinthiens 4.7-8

> Nous sommes traités comme des imposteurs, et pourtant nous disons la vérité ; comme des inconnus, et pourtant nous sommes bien connus ; comme des mourants, et voyez, nous sommes vivants... ; comme des affligés, et pourtant nous nous réjouissons toujours ; comme des pauvres, et pourtant nous sommes riches ; comme des gens qui n'ont rien, et pourtant nous possédons tout.
>
> 2 Corinthiens 6.8-10

C'est comme si Paul disait que nous devons être humiliés, affligés, débarrassés de tout égoïsme, et dépouillés de notre vanité et de nos entêtements, avant de pouvoir faire l'expérience de la puissance de Dieu en nous ou à travers nous. Il doit être clair pour nous et indubitable que « cette puissance extraordinaire appartient à Dieu et ne vient pas de nous » (2 Corinthiens 4.7). L'archevêque Michael Ramsey, s'adressant à des candidats à la prêtrise, met en évidence quelque chose d'analogue lorsqu'il dit :

> Si un prêtre est toujours gai, toujours joyeux, joyeux à tort et à travers, de manière vaniteuse ou superficielle, il sera peut-être aimé et admiré, mais il ne deviendra un vrai prêtre que lorsque son cœur sera brisé, dans la repentance devant son Seigneur ou dans la souffrance pour le peuple qu'il sert[4].

« Malheur à vous quand tous diront du bien de vous », dit Jésus (Luc 6.26).

Nous voyons donc que la vie de résurrection ne succède pas à la crucifixion comme si elle était une catégorie distincte, chronologiquement ou spirituellement. Les deux sont inséparables. L'archevêque Anastasios d'Albanie, qui fut témoin de l'extraordinaire vie de résurrection qui a jailli au travers du martyre de nombreux chrétiens fidèles et de la destruction de tant d'églises et de monastères en Albanie au pire moment de la persécution communiste, affirme qu'en tant que chrétiens « nous sommes appelés à participer existentiellement à la mort et à la vie du Christ[5] ». Dans son dernier commandement et son dernier envoi en mission, Jésus dit : « Vous recevrez une puissance, celle du Saint-Esprit qui viendra sur vous ; et vous serez mes témoins à Jérusalem, dans toute la Judée et la Samarie, et jusqu'aux extrémités de la terre » (Actes 1.8). Être témoin, comme l'indique le mot grec du Nouveau Testament, *martyr*, coûte inévitablement très cher. Par la bouche du prophète Ésaïe, Dieu promet à son peuple en exil : « Quand tu traverseras les eaux, je serai avec toi ; quand tu traverseras les fleuves, ils ne te submergeront pas ; quand tu marcheras dans le feu, tu ne te brûleras pas, et la flamme ne te consumera pas » (Ésaïe 43.2). La promesse n'est pas « si tu » mais « quand tu ».

Les épreuves à venir sont un fait acquis. C'est inévitable. Jésus avertit ses disciples : « Dans le monde, vous êtes persécutés. Mais prenez courage, j'ai vaincu le monde » (Jean 16.33). Le grec du Nouveau Testament peut également se traduire par : « Dans le monde, vous êtes affligés », ce qui souligne que le témoignage fidèle est coûteux, qu'il conduise ou non à la persécution, qui est une forme particulière d'affliction. La peine, l'affliction ou la persécution sont promises, mais la présence et la grâce de Dieu au milieu de tout cela le sont également. La mère Julienne de Norwich le résume si bien : « Il n'a pas dit : «Vous ne serez pas tentés, vous ne serez pas fatigués, vous ne serez pas angoissés.» Il a dit : «Vous ne serez pas vaincus[6].» »

Il n'y a donc aucune place pour « l'Évangile de la prospérité », qui promet la richesse - notamment financière - et qui esquive l'appel de Jésus à porter la croix chaque jour. Cela signifie qu'il est inconcevable qu'un message « chrétien » attribue toute souffrance humaine au péché de ceux qui souffrent ; pas plus que l'on ne peut attribuer à un manque de foi l'absence de guérison physique après une prière. Paul savait que ses limites et ses afflictions, loin d'être un obstacle à sa vocation apostolique et à la fécondité de sa mission, étaient, dans l'économie de Dieu, au cœur même de la grâce et de la puissance de Dieu à l'œuvre à travers lui (2 Corinthiens 12.9). Comme Jacob avant lui qui, après avoir lutté avec Dieu, était resté boiteux, Paul s'est battu douloureusement contre les principautés et les puissances, quelles qu'aient pu être les intentions de Dieu dans ses luttes et ses humiliations. Il a prié instamment à maintes reprises pour que lui soit enlevé ce qu'il a appelé, sans qu'on sache de quoi il s'agissait, « une épine dans sa chair ». Cela ne s'est pas produit.

Paul a dû apprendre combien la grâce de Dieu suffit, non pas en dehors des épreuves, mais à travers elles.

La croix et non la croisade

Ainsi toute idée de « croisade » est-elle à exclure, de même que toute théologie impérialiste ou entreprise missionnaire qui serait inspirée par un esprit de domination plutôt que par l'amour, et où les autres ne seraient pas considérés comme des frères ou des sœurs pour lesquels le Christ est mort. Kosuke Koyama, face à la dévastation d'Hiroshima et de Nagasaki frappées par les bombes atomiques, écrit : « La vérité biblique n'est pas une vérité «intacte», mais une vérité qui a souffert. » Il poursuit : « L'esprit du crucifié, et non l'esprit de croisade, ne devrait-il pas être l'esprit des missionnaires, et en vérité de tous les chrétiens[7] ? »

Selon Paul, pour être transformés quotidiennement par le renouvellement de notre intelligence, pour acquérir l'esprit du Christ, nous devons « amener toute pensée captive à l'obéissance du Christ » (2 Corinthiens 10.5). Nous devons « continuellement nous dépouiller de nous-mêmes et revenir au Christ » (Philippiens 2). Sans cette *metanoia*, cette transformation de notre intelligence, notre pensée et notre témoignage reviendront à coup sûr au niveau de notre pensée humaine naturelle, ce que Paul décrit comme *kata sarka*, selon la chair, et non selon l'Esprit, *kata pneuma*. Pour le dire plus simplement, il nous faut chaque jour abandonner à Dieu nos volontés, pour passer d'un « Dieu à mes conditions » à un « moi aux conditions de Dieu ». C'est à la même révolution que nous sommes invités chaque fois que nous prions : « Que ton règne vienne, que ta volonté soit faite. »

Pour le théologien, pour le responsable ecclésial, comme pour tout autre chrétien, il ne s'agit pas en fait de vaincre à force d'arguments, ni de prouver que l'autre a tort. Il ne s'agit certainement pas de gagner plus de terrain pour notre cause en utilisant les armes de ce monde. Nous ne « gagnerons » ni ne ferons progresser le Royaume par la force des armes, la force du caractère, la force de l'intellect ou même la force du nombre et de la majorité. En fait, nous ne gagnons jamais par la force. Pourquoi ? Parce que, comme l'écrit Rainer Maria Rilke, « si nous gagnons, ce n'est qu'une petite victoire, et cette victoire elle-même nous rend petits[8] ». Il vaut mieux que nous soyons amenés à reconnaître la vanité de toutes les victoires humaines, car c'est alors que nous résisterons plus facilement au besoin de toujours nous justifier. Il n'y a rien de moins attirant, en particulier sur le plan missionnaire, que des chrétiens qui se battent entre eux – ou avec d'autres d'ailleurs – avec leur propre version de la vérité. Dans de tels cas, le démon Screwtape de C.S. Lewis aurait sûrement répondu avec beaucoup d'enthousiasme : *Quod erat demonstrandum* – « CQFD, la démonstration est faite ». Comme le dit Isaac le Syrien : « Si vous avez goûté à la vérité, vous ne vous querellerez pas pour la vérité[9]. »

Le Saint-Esprit, qui nous conduit dans la vérité, travaille à nous libérer de tout besoin égoïste d'avoir raison au détriment d'autrui ou d'avoir raison tout court. Jean Vanier cite le patriarche œcuménique Athénagoras de Constantinople (1948-1972) qui, après avoir fait l'expérience de l'amour désarmant de Dieu, écrit : « Je suis désarmé de la nécessité d'avoir raison et de me justifier en disqualifiant les autres[10]. » Être désarmé de la contrainte d'avoir à se justifier auprès des autres, de soi-même ou de Dieu rendrait certainement notre témoignage plus rayonnant et plus séduisant. Le Père du désert Jean Colobos dit : « Nous nous sommes débarrassés du fardeau léger qu'est l'auto-accusation, et nous nous sommes chargés du lourd fardeau de l'autojustification[11]. » Avons-nous personnellement, ou collectivement en tant qu'Église, succombé à la tentation de l'autojustification ?

Une pause pour réfléchir…

Nous tous qui avons été baptisés dans le Christ Jésus, nous avons été baptisés dans sa mort.

Romains 6.3

La croix n'est pas la fin terrible d'une vie par ailleurs pieuse et heureuse, elle nous rencontre dès le début de notre communion avec le Christ.

Dietrich Bonhoeffer[12]

La vie est le destin que vous êtes tenus de refuser tant que vous n'avez pas consenti à mourir.

W.H. Auden[13]

… et une pause pour prier

Du fond des profondeurs, je crie vers toi, ô Seigneur. Seigneur, entends ma voix !

Psaume 130.1-2

Seigneur, hâte-toi de me secourir !

Psaume 70.1

Nous t'adorons, ô Christ, et nous te bénissons.
Car par ta sainte croix, tu as racheté le monde.

Extrait du Chemin de croix

Ô arbre du Calvaire,
pousse tes racines au plus profond de mon cœur.
Rassemble la terre de mon cœur,
le sable de mon inconstance,
les pierres de mon entêtement,
la boue de mes désirs.
Mêle-les tous ensemble,
ô arbre du Calvaire,
enlace-les avec tes fortes racines,
enchevêtre-les dans la toile de ton amour.

Chandran Devanesen[14]

Dieu saint, saint et fort, saint et immortel, aie pitié de nous.

Le trisagion

Dieu, l'impénétrable

En vérité, tu es un Dieu caché.

Ésaïe 45.15

Réveille-toi ! Pourquoi dors-tu, ô Seigneur ?... Pourquoi nous caches-tu ton visage ?

Psaume 44.23-24

Seigneur, pourquoi me rejettes-tu ? Pourquoi me caches-tu ta face ?

Psaume 88.14

Tu t'es enveloppé d'une nuée, de sorte qu'aucune prière ne peut passer.

Lamentations 3.44

Tôt ou tard, la vie nous confronte au caractère impénétrable de Dieu. Après avoir été attirés vers le Christ et avoir répondu dans la foi, le même Dieu qui nous attire à lui se retire, ou plutôt se retire de notre vue, de nos sens et de notre conscience. Nous pensions que nous pourrions discerner les voies de Dieu et nous découvrons ensuite que nous ne le pouvons pas. Après avoir découvert et expérimenté que Dieu peut nous protéger et pourvoir à nos besoins, et qu'il le fait, nous ressentons un peu plus tard ce qui ressemble à l'absence de sa protection et de sa prévenance. Après avoir fait l'expérience que Dieu peut répondre à la prière et qu'il le fait, parfois de la manière la plus merveilleuse et la plus extraordinaire qui soit, nous découvrons que nos prières ne sont pas toujours exaucées, ni comme, ni quand nous l'attendions, et parfois apparemment pas du tout. Nous pouvons donc, après avoir commencé notre cheminement de chrétien, nous sentir – et même être effectivement – plus vulnérables qu'avant. Nous avons été dépouillés de nos sécurités. Nous ne réalisons pas que ce dépouillement pourrait bien, en fait, être dans les desseins de Dieu pour nous amener à une dépendance plus profonde et plus courageuse et, d'une manière qui nous échappe sur le moment, pourrait donc être un don et une opportunité. En bref, nous découvrons que le Dieu qui se révèle est en même temps le Dieu qui se cache.

C.S. Lewis écrit, dans la première de ses *Chroniques de Narnia, Le neveu du magicien*, l'histoire d'un garçon appelé Digory, dont la mère est mourante. Lorsqu'il rencontre le grand lion Aslan pour la première fois, il le supplie : « S'il te plaît, donne-moi un fruit magique de ce pays pour guérir ma mère. » C'est une prière ardente et urgente, qu'Aslan semble ignorer totalement. Lewis écrit : « Il voulait désespérément que le lion dise oui ; il avait terriblement peur qu'il dise non. Mais il fut déconcerté par le fait qu'il n'ait dit ni l'un ni l'autre[15]. » Lewis, à l'âge de dix ans, avait vu sa propre mère mourir d'un cancer. Dans l'histoire, Digory plaide à nouveau pour qu'Aslan guérisse sa mère mourante. Lewis écrit :

Jusqu'alors, il avait regardé les grosses pattes du Lion et leurs énormes griffes ; alors, dans son désespoir, il leva les yeux vers sa tête. Ce qu'il vit le surprit au-delà de tout ce qu'il avait vécu jusqu'alors. Car la tête du fauve, près de la sienne, était penchée, et de grosses larmes baignaient ses yeux. Elles étaient si grosses et si brillantes comparées à celles de Digory que, pendant un instant, il eut l'impression que le Lion devait vraiment être plus triste pour sa mère qu'il ne l'était lui-même[16].

Cela peut nous faire penser aux larmes de Jésus, bouleversé par la douleur de Marie et de Marthe à la mort de leur frère, son cher ami Lazare.

Nous le réalisons, nous le savons par notre propre expérience – et les psaumes le montrent clairement –, ceux qui cherchent à faire confiance à Dieu ne sont pas à l'abri du chagrin, de la douleur, des ténèbres ou de la déréliction. Nous ne sommes pas à l'abri de « la vallée de l'ombre de la mort » ; nous sommes cependant assurés de la présence de Dieu avec nous dans de telles circonstances (Psaume 23.4). Où que nous soyons, quels que soient les événements de notre vie, nous ne pouvons pas échapper à la présence de Dieu : « Où fuirai-je loin ta présence ? » (Psaume 139.7) ; « Les ténèbres ne sont pas ténébreuses pour toi, la nuit est aussi claire que le jour » (Psaume 139.12). Alors que nous sommes en perpétuelle quête de la sécurité que donne la lumière, pour voir ce qui se passe dans notre vie et lui trouver un sens, Dieu nous appelle à lui faire confiance dans les ténèbres. Comme le confesse Newman :

J'ai aimé choisir et trouver mon chemin,
mais maintenant, dirige-moi !
J'ai aimé le jour éclatant, et malgré mes craintes,

l'orgueil a dicté ma volonté.
Ne te souviens pas des années passées.

John Henry Newman

Les mots de Minnie Haskins, cités par le roi George VI dans son émission du jour de Noël en 1939, reflètent le même thème :

> J'ai dit à l'homme qui se tenait à la Porte de l'Année : « Donnez-moi une lumière pour que je puisse marcher en toute sécurité vers l'inconnu. » Et il m'a répondu : « Sors dans les ténèbres et mets ta main dans la main de Dieu. Ce sera pour toi mieux que la lumière et plus sûr qu'un chemin connu[18]. »

Dieu, qui est lumière, nous permet de faire l'expérience des ténèbres, tout comme lui-même l'a faite en Christ. La bonne nouvelle de l'Évangile, la foi de Pâques que nous proclamons, est une bonne nouvelle précisément parce qu'elle n'est pas une évasion ; elle embrasse et transfigure tout ce qui est, y compris les ténèbres. Dans la foi chrétienne, il ne peut y avoir de place ni pour un optimisme superficiel ni pour le déni des ténèbres ou de la mort.

L'icône orthodoxe de la résurrection est également appelée « La descente du Christ en enfer ».

L'Église orthodoxe proclame : « Le Christ est ressuscité d'entre les morts, piétinant la mort par sa mort et donnant la vie à ceux qui sont dans la tombe. » À Pâques, l'Église chante au Christ crucifié, qui est descendu aux enfers et est ressuscité : « Tu es descendu dans l'abîme de la terre, ô Christ, et tu as brisé les portes éternelles qui emprisonnent ceux qui sont enchaînés, et comme Jonas après trois jours passés dans la baleine, tu es ressuscité du tombeau. » Dans sa descente aux enfers, le Christ entre dans des ténèbres plus profondes qu'aucun de nous ne connaîtra jamais. Commençant par Adam et Ève, il vient nous faire passer des ténèbres à sa merveilleuse lumière. L'icône nous assure qu'il n'y a pas de condition ni de situation humaine qui soit en dehors ou au-delà de son amour rédempteur.

Les mosaïques extraordinaires et lumineuses du père Marko Rupnik[19] dépeignent en langage iconographique le même événement où le Christ, après avoir déchiré l'enfer, fait sortir Adam et Ève des ténèbres vers la lumière de sa résurrection. Cependant, dans la représentation de Rupnik, le Christ guide la main d'Ève jusqu'à la blessure de son propre corps. Rupnik évoque la re-création de notre nature humaine déchue dans les blessures du Christ : « Par ses blessures, vous avez été guéris » (1 Pierre 2.24).

L'huître

Dans la vie de l'huître, le grain de sable indésirable et inconfortable qui pénètre à l'intérieur de l'huître lui fait pleurer des « larmes » qui transformeront le vulgaire gravier en perle. Sans ce grain de sable, sans les « larmes » qui en résultent, il n'y a pas de perle.

Lorsque j'ai achevé ma scolarité, je suis allé travailler dans un foyer pour personnes handicapées, dans le Cheshire. Un soir, un des bénévoles a eu la brillante idée d'organiser une course en fauteuil roulant jusqu'au pub. Les autres bénévoles, dont moi-même, ceux qui étaient en fauteuil roulant, ont accepté un peu à la légère et pour s'amuser. Je poussais Brian, un charmant jeune homme d'une vingtaine d'années atteint de dystrophie musculaire. Il allait devenir un grand

Détail du parvis du sanctuaire national Ta' Pinu – Marko Rupnik
(voir description p. 192)

ami et plus encore. Au moment où nous sommes partis pour le pub, il commençait à faire nuit. La course a commencé. Je n'avais pas vu ni prévu le nid-de-poule sur la route. Alors que nous passions à toute vitesse sur ce trou inattendu, le fauteuil roulant s'est renversé. À mon grand effroi, la tête de Brian a heurté le bitume. J'étais vraiment mortifié. En réponse à ma stupidité et à ma négligence, Brian a été très gentil et très indulgent. Du traumatisme de cet événement, de ma culpabilité et de son pardon, est née une amitié profonde. Bien plus tard, Brian m'a contacté : il savait sa mort imminente, il en avait peur. Nous nous sommes rencontrés. Bien qu'il ne se soit pas alors considéré comme un chrétien, il m'a demandé de prier. Je me suis senti totalement démuni, mais j'ai donc prié, silencieusement et avec une réelle insistance, pour que Dieu lui ôte sa peur. Après quelques minutes, alors que je continuais à prier en silence, Brian m'a dit : « Merci, je me sens tellement en paix maintenant », et en regardant son visage, j'ai pu voir que c'était vrai. Ce fut un tournant décisif. Lorsqu'il est mort, il avait et la foi et la paix. Cela, j'en suis convaincu, ne se serait pas produit sans l'événement que nous n'aurions jamais souhaité : l'accident du fauteuil roulant sur la route. Nous le vérifions, bien souvent rétrospectivement, Dieu vient mêler le bien qu'il veut nous faire à la trame des événements de notre vie, y compris ceux que nous n'aurions jamais souhaité vivre et qui ont parfois causé beaucoup de peine à nous ou à d'autres. Oui, parfois, les crises sont d'extraordinaires pourvoyeuses de grâce.

Une pause pour réfléchir…

Nous portons ce trésor dans des vases d'argile, afin qu'il soit clair que ce pouvoir extraordinaire appartient à Dieu et ne vient pas de nous.

2 Corinthiens 4.7

Le Christ transfigure tout en nous, le bon comme le mauvais. En chaque personne, il y a une blessure. Si l'on s'en lamente, elle devient une source de tourment. Transfigurée par le Christ, elle devient une source d'énergie et de guérison.

Frère Roger de Taizé[20]

… et une pause pour prier

Ô joie qui viens me chercher par la douleur,
je ne peux pas te fermer mon cœur ;
j'aperçois l'arc-en-ciel à travers la pluie,
et je sens que la promesse n'est pas vaine,
que mes larmes seront sèches au matin.

George Matheson[21]

Être vrai avec Dieu

Le conseil du grand prédicateur Charles Spurgeon aux apprentis prédicateurs m'a toujours beaucoup amusé : « Quand vous parlez du ciel, que votre visage s'illumine. Quand vous parlez de l'enfer, votre visage ordinaire fera l'affaire[22] ! » Je comprends, bien sûr, où il voulait en venir, mais il y a un danger dans notre vie spirituelle à « plaquer un masque » sur Dieu ou sur les autres, ou même sur nous-mêmes. Pour être vivants et régénérés par l'Esprit, nous devons à la fois être vrai avec Dieu et laisser Dieu être vrai avec nous.

Thérèse d'Avila a écrit : « Toutes les difficultés dans la prière peuvent être attribuées à une seule cause : nous prions comme si Dieu était absent[23]. » Prions-nous comme si Dieu était absent ou présent ? Réel ou non réel ? Je pense parfois à l'Évangile de Matthieu comme au rocher de Brighton, avec les mêmes mots qui reviennent tout au long, au début, au milieu et jusqu'à la fin : « Dieu est toujours avec nous. » Dans le premier chapitre, nous lisons la prophétie d'Ésaïe : « Regarde, la vierge concevra et enfantera un fils, et on l'appellera Emmanuel, ce qui signifie «Dieu est avec nous» » (Matthieu 1.23). Si nous ouvrons l'évangile au milieu, nous entendons Jésus dire : « Là où deux ou trois sont réunis en mon nom, je suis là au milieu d'eux » (Matthieu 18.20). Enfin, à la fin de l'évangile, on trouve les toutes dernières paroles de Jésus ressuscité : « Et souvenez-vous que je suis avec vous tous les jours jusqu'à la fin du monde » (Matthieu 28.20). Telle est la réalité, exprimée de façon si belle et si profonde dans le Psaume 139, de la présence indéfectible de Dieu. Où que nous soyons, quelles que soient les circonstances, nous pouvons proclamer en toute confiance que « le Seigneur est présent. Son Esprit est avec nous. »

Sommes-nous avec Dieu en réalité ? Thérèse d'Avila est également connue pour avoir dit à Dieu dans une période particulièrement difficile : « Si c'est ainsi que tu traites tes amis, pas étonnant que tu en aies si peu ! » Sommes-nous avec Dieu en réalité ? Parlons-nous à Dieu en communiquant ce qui est vraiment au fond de nous ? Ou bien sommes-nous bien polis ou bien « religieux » ? En tant que parents, comment nous sentirions-nous si notre enfant, que nous aimons plus que nous ne saurions dire, ne s'adressait à nous que pour nous faire des demandes ? Comment nous sentirions-nous si notre enfant ne nous parlait que d'une manière cérémonieuse ? Comment nous sentirions-nous si notre enfant ne répondait jamais à notre amour profond et inconditionnel pour lui ? Nous aurions sûrement envie que notre enfant reconnaisse notre amour, qu'il soit libre et spontané avec nous, qu'il rie et pleure avec nous, qu'il partage avec nous ses espoirs et ses craintes, et parfois qu'il se jette affectueusement dans nos bras.

Pour vraiment adorer Dieu, ou pour adorer Dieu « en esprit et en vérité », nous devons reconnaître que Dieu nous connaît mieux que nous ne nous connaissons nous-mêmes. Il n'y a rien en nous qui soit caché à Dieu. Je pense parfois à la prière d'ouverture de la plupart des liturgies eucharistiques anglicanes, connue sous le nom de « Collect for Purity » ; elle est comme ces portiques d'aéroport qui scrutent et détectent tout ce que vous avez sur vous ou même à l'intérieur de vous. On commence ainsi par reconnaître que Dieu, « devant qui tous les cœurs sont ouverts, tous les désirs connus et à qui aucun secret n'est caché », nous voit, nous connaît et nous aime bien plus pleinement et véritablement que nous ne pourrions jamais le faire ; devant Dieu, nous pouvons et nous devons être ce que nous sommes vraiment. Nous n'avons pas besoin de changer pour que Dieu nous aime. Dieu aime et ne peut aimer que la personne que nous sommes réellement. Croire que nous devrions être différents pour que Dieu nous aime peut être une certaine forme d'orgueil. Il est donc utile et bon que, dans la prière, nous soyons ce que nous sommes en vérité devant et avec Dieu. La prière contemplative, c'est d'abord cela : laisser Dieu, qui est infiniment plus grand que toutes nos conceptions, être avec nous dans son amour. Si nous faisons cela, nous pouvons découvrir que l'amour de Dieu est un amour qui nous transforme en douceur.

Laisser Dieu être vrai avec nous

Laisser Dieu être vrai avec nous signifie, bien sûr, donner à Dieu l'espace nécessaire pour qu'il soit Dieu dans nos vies. Cela signifie permettre à Dieu de nous parler, de nous nourrir, de nous aimer et de nous guider. Les relations se défont lorsque nous cessons de nous y investir. Cela demande du travail. La théologie orthodoxe est à la fois ascétique et mystique. L'image peut être celle d'un bateau. Nous les humains devons ramer pour guider le bateau, de là où il est jusqu'à l'endroit où il pourra recevoir le vent de l'Esprit dans ses voiles. Dieu nous invite à coopérer en tant que compagnons de travail ou, dans le langage du Nouveau Testament, en tant que *synergountes*. Pour vivre cette synergie avec Dieu, il faut une discipline spirituelle. Cela implique nécessairement l'obéissance. Benoît était très conscient, lorsqu'il a écrit la Règle, du danger d'un monachisme « à ma guise ». En parlant des moines sarabaïtes, il écrit :

> Pour règle de vie, ils n'ont que la satisfaction de leurs propres désirs. Tout précepte qu'ils imaginent pour eux-mêmes et qu'ils décident ensuite d'adopter, ils n'hésitent pas à le qualifier de saint. Tout ce qu'ils n'aiment pas, ils le considèrent comme inadmissible[24].

On peut sans doute plus que soupçonner ce même danger aujourd'hui, dans ce qui est devenu une sorte d'approche de la foi « à la carte ». C'est dangereux et cela peut nous conduire à la tentation subtile de se faire un Dieu à notre propre image.

J'en ai eu un exemple frappant à l'église du Mémorial-Martin-Luther de Berlin, où je devais prendre la parole lors d'une conférence sur la réconciliation. Il s'agit d'une église parmi la centaine d'églises qu'Hitler a fait construire pour habiller son idéologie nazie de respectabilité chrétienne. L'orgue a été utilisé pour la première fois lors de rassemblements nationaux-socialistes en 1935. Une scène traditionnelle de la Nativité, magnifiquement sculptée dans le bois autour de la chaire, représente des soldats allemands. Dans les sculptures qui entourent les fonts baptismaux, on trouve de solides femmes aryennes avec leurs bébés aryens vigoureux et un membre des sections d'assaut nazies. Le Christ en croix derrière l'autel est musclé et impassible. Le message est clair : il n'y a pas de souffrance ici. Dans la voûte à l'est sont sculptées des croix et des soldats et, jusqu'à récemment – elles sont devenues illégales –, des croix gammées. Hitler, bien sûr, n'est pas, et de loin, le seul dirigeant national à avoir dissimulé une politique toxique et malfaisante sous une apparence chrétienne. Dieu a fait l'humanité à son image, mais nous, humains, faisons facilement Dieu à notre propre image. Hitler en est un exemple extrême, mais il serait sûrement téméraire de ne pas reconnaître, tapie au fond de chacun de nous, une tendance à préférer un Christ qui soit d'accord avec nous au Christ qui nous appelle et nous met au défi de changer et de continuer à être changés.

Pour que Dieu soit vrai pour nous, en nous et à travers nous, nous devons sans cesse revenir à Dieu et à sa parole. Cela suppose soumission et obéissance à Dieu. Obéir signifie écouter, faire confiance et faire ce que Dieu dit. C'est agir conformément à la croix. Aujourd'hui, le mot « obéissance », tout comme le mot « repentance », ne plaît pas beaucoup. Il peut avoir des connotations de domination, d'oppression ou même d'esclavage. Mais tout comme la repentance, dans un contexte chrétien, est en fait la porte de la joie, l'obéissance librement choisie au Christ est la porte de la liberté. Comme l'écrit Paul, « c'est pour la liberté que le Christ nous a libérés » (Galates 5.1). Eugene Peterson, empruntant une phrase de Nietzsche, décrit la vie de disciple du chrétien comme « une longue obéissance dans la même direction[25] ». Quelle est la nature de cette obéissance ? Il existe un indice important à ce sujet dans l'étymologie du mot, tant en français (ob-ouir) qu'en grec (*hypakoe*). Dans les deux langues, la racine du mot signifie « écouter » ou « entendre ». L'obéissance consiste à écouter la parole de Dieu, à l'entendre et à y répondre. De même que l'amour de Dieu n'est pas une contrainte mais est donné librement, la réponse de l'obéissance doit être librement choisie.

Lorsque je promène mes chiens et que je les laisse courir sans laisse, la plupart du temps, ils sont obéissants. C'est-à-dire qu'ils viennent quand on les appelle. Sauf, bien sûr, lorsqu'ils ont vu ou senti un écureuil ou un lapin. Quand cela se produit, ils pratiquent une sorte de surdité sélective. Ils rejettent ce qu'ils ne veulent pas entendre car ce qu'ils font est tellement plus amusant (ou du moins le croient-ils – pardonnez l'anthropomorphisme) que d'écouter mes appels et d'obéir. Mais ils ne savent pas pourquoi je les rappelle : c'est que je les aime (les amoureux des chiens comprendront) et je ne veux pas qu'ils coursent un lapin sur la route et se fassent écraser. Dans leur surdité sélective, ils choisissent de ne pas entendre ni d'obéir à la voix de leur maître. Comme eux, nous aussi pratiquons la surdité sélective, non seulement avec les autres, mais aussi avec Dieu. Comme l'a dit Mark Twain : « Ce ne sont pas les passages de la Bible que je ne comprends pas qui me dérangent, ce sont les passages que je comprends. »

Notre obéissance consiste à oser croire que ce que Dieu veut pour nous est infiniment meilleur que tout ce qui vient « des dispositions et des désirs de notre propre cœur ». C'est dans cette obéissance, aussi contraire soit-elle à notre nature et à notre culture, que nous découvrons une liberté intérieure que nos choix égoïstes ne nous donneront jamais.

Une pause pour réfléchir…

Jésus lui répondit : « Ceux qui m'aiment garderont ma parole, et mon Père les aimera, et nous viendrons à eux et nous ferons notre demeure chez eux. »

Jean 14.23

… et une pause pour prier

Bienheureux… ceux qui écoutent la parole de Dieu et lui obéissent !

Luc 11.28

Seigneur, lumière des esprits qui te connaissent,
joie des cœurs qui t'aiment
et force des volontés qui te servent :
accorde-nous de te connaître
pour que nous puissions vraiment t'aimer,
accorde-nous de t'aimer
pour que nous puissions librement te servir,
toi dont le service est la liberté parfaite.

Saint Augustin[26]

QUESTION

La question que nous pose Jésus : « Et quel avantage l'homme aura-t-il à gagner le monde entier, s'il le paie de sa vie ? » (Matthieu 16.26 TOB 2000).

Christ asiatique (voir description p. 192)

Dieu a tellement aimé le monde qu'il a donné son Fils unique, afin que tous ceux qui croient en lui ne périssent pas mais aient la vie éternelle.

Jean 3.16

6. Retournés par l'amour : « l'amour met en mouvement le soleil et les étoiles[1] »

L'immense amour de Dieu

> L'existence du monde et la venue du Christ dans le monde ont le même but : manifester l'immense amour de Dieu.
>
> Saint Isaac le Syrien[2]

Un *geronda*, ou ancien, homme d'une profonde humilité et vraiment lumineux que j'ai eu le privilège de rencontrer au mont Athos, m'a dit : « La plus grande hérésie dans l'Église d'aujourd'hui, c'est le manque d'amour[3]. » Une Église – et toute forme de son témoignage – qui n'est pas inspirée et animée par l'amour de Dieu en Christ renie sa propre raison d'être. Toute manifestation de prouesse spirituelle, toute mesure de succès ou tout exemple de sacrifice de soi que peut donner une telle Église – ou même un tel chrétien – ne vaut rien sans amour. N'est-ce pas ce que Paul souligne avec tant d'éloquence dans 1 Corinthiens 13 ?

> Si je parle dans les langues des mortels et des anges, mais que je n'ai pas d'amour, je suis un gong bruyant ou une cymbale retentissante. Et si j'ai le don de prophéties, si je comprends tous les mystères et toute la connaissance, et si j'ai toute la foi, à déplacer des montagnes, mais que je n'ai pas d'amour, je ne suis rien. Si je donne tous mes biens, et si je fais le sacrifice de mon corps, mais que je n'ai pas d'amour, je ne gagne rien.
>
> 1 Corinthiens 13.1-3

À une époque où nous risquons de penser que nous devons toujours faire nos preuves, et même, si nous n'y prenons garde, où nous risquons de chercher à nous justifier selon les critères de ce monde, comme une idéologie parmi d'autres, ces paroles sont salutaires. Pourquoi ? Parce que, comme l'écrit Jean de la Croix : « Au soir de notre vie, nous serons jugés sur notre amour[4]. » En tant que chrétiens, nous devons surtout nous garder de rechercher l'approbation des autres avant celle de Dieu (Jean 5.44 ; 12.43 ; Galates 1.10). Dans « Little Gidding », T.S. Eliot parle des prises de conscience salutaires qui viennent avec l'âge, de la reconnaissance un peu honteuse de nos désillusions passées ainsi que de notre perpétuelle quête de l'approbation des autres :

> Et enfin, la douleur lancinante de la récapitulation
> de tout ce que vous avez fait et été, la honte
> de vos motivations réelles tardivement mises au jour,
> la conscience des choses mal faites et du mal fait aux autres,
> en croyant alors bien faire.
> C'est alors que l'approbation des imbéciles vous blesse et vient
> ternir votre honneur[5].

Chercher l'approbation des hommes est un objectif dangereux, la reconnaissance sociale est une priorité trompeuse. Si nous connaissions vraiment l'amour de Dieu, nous ne ressentirions sans doute pas un tel besoin de les rechercher.

Un trésor caché dans un champ

Le caractère caché du royaume de Dieu est un point important : une petite chose minuscule, presque invisible, un grain de moutarde comparé à l'énorme et majestueux cèdre du Liban. Cela nous dit quelque chose de la façon dont Dieu est à l'œuvre, souvent de manière invisible, inaperçue, hors d'atteinte des radars de l'actualité, des feux de la rampe et des médias sociaux. « Le royaume de Dieu, dit Jésus, est comme un trésor caché dans un champ. » Je me souviens, lors d'une promenade dans l'île de Mull, loin des sentiers battus, être tombé sur quelques-uns des plus beaux lys que j'aie jamais vus, et qui poussaient là où personne ne pouvait les voir et les admirer. Était-il important de rendre visible cette beauté cachée ? Apparemment pas pour Dieu, me suis-je dit. J'ai pensé à toute la création qui loue Dieu, comme dans le bénédicité : « Louez le Seigneur, vous tous qu'il a créés, chantez sa louange et exaltez-le à jamais », ou dans le « Cantique du soleil » de François d'Assise, où toute la création loue Dieu indépendamment de toute implication humaine. « Il n'est rien de ce qu'il a créé, écrit François de Sales, qui ne soit rempli de la louange de Dieu[6]. » J'ai pensé à tout ce qui est caché aux hommes et qui est si important pour Dieu.

Cela m'a fait penser à Charles de Foucauld, en Algérie, dont la vie et le témoignage ont été cachés, et cela intentionnellement. Dans son amour et sa prière, c'est avec cette humilité qu'il a servi les musulmans parmi lesquels il vivait. Il a été assassiné. Pour certains chrétiens, sa vie semblait à l'époque un beau gâchis, une vie cachée, sans fruits visibles sur le moment. Mais dans le cas de Charles de Foucauld, la fécondité de son ministère a été directement proportionnelle au caractère caché de ce ministère. Il est mort avant que les fruits de sa fidélité ne soient visibles. Les Petits Frères de Jésus et, plus tard, les Petites Sœurs de Jésus, sont nés et ont été inspirés par Charles de Foucauld pour témoigner dans le monde entier de l'amour et de la prédilection de Dieu pour les plus pauvres des pauvres. Ce témoignage caché de prière et de service se poursuit aujourd'hui.

J'ai aussi le souvenir personnel d'une femme profondément sainte, Mabel, inconnue de presque tout le monde, qui était confinée à la maison, tout en haut d'une tour d'appartements dans une paroisse du centre-ville où j'exerçais mon ministère. Dans sa grande humilité et sa prière, elle rayonnait de l'amour du Christ. Lorsque des collègues ou moi venions la voir, nous savions que nous étions sur une terre sainte. Sur son petit balcon, elle faisait pousser des plantes en pot. Elles étaient extraordinairement fleuries non seulement du printemps à l'été, mais elles restaient en fleurs jusqu'à l'automne et même en plein l'hiver. (Un de mes amis m'avait fait remarquer : « Si tu penses que c'est par hasard, tu te fourres le doigt dans l'œil ! ») La vie de Mabel était cachée. Comme ces lys cachés, mais bien plus encore, sa vie glorifiait Dieu. Si souvent, Dieu est glorifié hors de ce qui brille dans la société, et même hors ce qu'on peut voir de l'Église. La valeur que revêtent nos vies et nos ministères aux yeux de Dieu a probablement fort peu de chose à voir avec les critères en usage dans les agences de cotation ou dans les cabinets de recrutement. Jésus affirme clairement que presque tout ce qui concerne notre vie intérieure et notre relation avec Dieu doit se vivre en dehors du regard du public, qu'il s'agisse de notre générosité (Matthieu 6.3), de notre prière (Matthieu 6.5) ou de notre jeûne (Matthieu 6.18). Dieu nous voit dans le secret.

Je me souviens qu'il y a environ vingt-cinq ans, alors que j'étais hospitalisé dans un état très grave, j'ai vu arriver près de moi un professeur entouré d'un grand nombre d'internes et d'étudiants en blouse blanche. C'était une parfaite illustration de la hiérarchie médicale, où les plus qualifiés, repérables à leur uniforme, semblaient donner tout ce dont ils étaient professionnellement capables. Sans surprise, j'ai eu le sentiment qu'ils m'observaient non pas comme un être humain ou comme l'un d'entre eux, mais plutôt comme un « problème » à résoudre ou un « cas » à traiter. Avec toute la gratitude que nous devons aux progrès de la médecine, qu'ils représentaient et dont je dépendais, il manquait quelque chose d'essentiel : l'expression de notre humanité commune. Le professionnalisme de leur diagnostic et la prescription qui en a résulté étaient sans doute fort importants, mais ce qui m'a semblé le plus réconfortant, ce qui m'a fait le plus de bien, ce sont les petites blagues échangées avec les brancardiers et le brin de causette plein d'humanité avec ceux qui, poussant leur charriot, servaient la nourriture et les boissons. Tout cela était à cent lieues de ceux qui se croient au sommet de la hiérarchie du système de santé. Dans ce contexte, il est d'autant plus remarquable que l'Organisation mondiale de la santé ait souligné que l'élément le plus important pour la guérison en milieu hospitalier est l'« ambiance » du service.

Dieu agit souvent d'une manière dont nous n'avons aucunement conscience, de manière cachée, en dehors des valeurs de ce monde, et lorsque c'est visible, c'est encore d'une manière surprenante aux yeux du monde. Dans la parabole du jugement des brebis et des chèvres (Matthieu 25.31-46), la pointe se trouve dans la surprise. Certains estiment que leur vie plaît à Dieu, d'autres n'osent pas l'imaginer. Chacun est surpris par la réponse de Jésus et demande : « Quand avons-nous fait cela ? Quand n'avons-nous pas fait cela ? »

Une pause pour réfléchir…

Dans nos engagements missionnaires, il est certain que les autres ne seront attirés par le Christ que s'ils sentent la présence de son amour en nous et à travers nous.

La mission est le prolongement de l'amour du Dieu trinitaire, pour la transformation du monde entier dans l'amour.

Archevêque Anastasios d'Albanie[7]

Nous ne sommes pas appelés par Dieu à faire des choses extraordinaires, mais à faire des choses ordinaires avec amour.

Jean Vanier[8]

… et une pause pour prier

Garde-moi comme la prunelle de l'œil ; cache-moi à l'ombre de tes ailes.

Psaume 17.8

Aide-nous, Seigneur, à faire avec amour toutes les choses ordinaires de ce jour.

« Si peu de ses disciples l'aiment vraiment[9] »

L'un des exercices spirituels les plus salutaires que nous puissions faire est de permettre à Jésus de nous poser les questions qu'il pose aux autres dans les évangiles, et de prendre avec lui le temps nécessaire pour discerner et formuler honnêtement notre propre réponse à chacune de ces questions. Ce dialogue en vérité avec Dieu peut aider à raviver une foi défaillante et s'avérer profondément vivifiant. Parmi ces questions importantes, on peut citer :

Pourquoi avez-vous peur, pourquoi avez-vous si peu de foi ?

Matthieu 8.26

Que veux-tu que je fasse pour toi ?

Marc 10.51

Veux-tu être guéri ?

Jean 5.6

Qui dites-vous que je suis ?

Matthieu 16.15

M'aimes-tu ?

Jean 21.17

Chacune de ces questions mérite un temps de réflexion puis de dialogue avec Dieu dans la prière. Ce ne sont pas des questions qui demandent des réponses théoriques ou explicatives. Ce sont des questions existentielles, qui s'adressent à notre cœur. Nous devrions peut-être nous en tenir à cette dernière question, adressée à Pierre – « M'aimes-tu ? » –, et prendre le temps, pourquoi pas maintenant si cela s'y prête, d'y réfléchir dans un moment de recueillement avec Dieu.

Il se pourrait bien que répondre honnêtement à cette question révèle, du moins dans une certaine mesure, jusqu'à quel point nous avons compris, découvert, cru ou expérimenté l'amour de Dieu pour nous. Il se peut que nous connaissions cet amour, parce que nous en avons entendu parler par d'autres et que nous l'avons lu dans les Écritures. Il se peut aussi que très sincèrement nous ne nous estimions pas vraiment aimables. Comment Dieu pourrait-il m'aimer s'il sait vraiment qui je suis ? Ou bien c'est peut-être une humble et pieuse modestie qui nous retient. Comme le dit le prêtre poète George Herbert : « L'amour m'a souhaité la bienvenue, mais mon âme a reculé, coupable, dans sa poussière et son péché[10]. » Nous avons du mal à croire que Dieu puisse vraiment nous aimer si passionnément. Le poète, qui, dans son dialogue avec Dieu, se décrit comme « moi le méchant, l'ingrat », découvre que Dieu l'aime tel qu'il est et que c'est Dieu, ou l'Amour, qui « porte le blâme ». C'est ce poème, qui invite à répondre à l'amour de Dieu, qui a changé la vie de Simone Weil. Elle écrit : « Je pensais que je le récitais simplement comme un beau poème, mais, sans que je le sache, cette récitation avait la vertu d'une prière. C'est au cours de l'une de ces récitations que le Christ est descendu et a fait sa demeure en moi[11]. » Aurons-nous l'audace de croire et de faire confiance à cette invitation d'amour ?

« Nous l'aimons parce qu'il nous a aimés le premier »

Le poème « Love » d'Herbert évoque un amour qui cherche à nous séduire, comme le décrit Osée : « Mais maintenant, je vais la courtiser, je la ferai sortir dans le désert et là je parlerai à son cœur » (Osée 2.14). Il évoque Dieu comme un berger qui nous cherche : « Moi-même, je chercherai mes brebis et en prendrai soin » (Ézéchiel 34.11) ; il cherche par amour la brebis perdue que nous sommes, vous et moi (Luc 15.3-7). Dieu se présente comme quelqu'un qui ne cesse de nous chercher, et c'est ce que dépeint de façon si vivante Francis Thompson dans son poème « The Hound of Heaven » (Le chien du ciel).

Si nous sommes à la recherche de Dieu, c'est en réponse à Dieu qui nous cherche. D'après saint Jean de la Croix : « En premier lieu, il faut savoir que, si quelqu'un cherche Dieu, le Bien-Aimé cherche cette personne bien plus encore[12]. » Si nous cherchons Dieu, c'est le signe que Dieu est déjà en nous et même qu'il nous a déjà trouvés. Il se peut que nous n'ayons jamais pensé à Dieu en ces termes. Nous n'avons pensé qu'à notre désir pour Dieu et jamais à celui de Dieu pour nous. Nous n'avons jamais imaginé que, comme le dit Grégoire de Nazianze, « Dieu a soif qu'on ait soif de lui[13] » – ou encore, comme le dit Thérèse de Lisieux, que le Christ « est altéré » de notre amour :

> Jésus est altéré, car il ne rencontre que des ingrats et des indifférents parmi ses propres disciples, hélas il trouve peu de cœurs qui s'abandonnent à lui sans réserve, qui comprennent la véritable tendresse de son amour infini[14].

Thérèse déplore le manque d'amour chez les disciples du Christ. Elle sait, comme l'apôtre Paul, combien nous pouvons être occupés à

« faire » des choses – même bonnes et excellentes – pour Dieu et pour les œuvres de l'Église. Tellement occupés que nous passons à côté du plus important : « Il n'a pas besoin de nos œuvres, seulement de notre amour[15]. » Des siècles plus tôt, Thérèse d'Avila, qui connaissait la profondeur de l'amour de Dieu, écrivait : « Notre Seigneur ne se soucie pas tant de l'importance de nos œuvres que de l'amour avec lequel elles sont faites[16]. » Il existe une mosaïque saisissante de Rupnik représentant François d'Assise, seul, pleurant au milieu des bois, se lamentant que « Dieu ne soit pas assez aimé », que « l'amour ne soit pas aimé[17] ». Sainte Marie-Madeleine de Pazzi (1566-1607) partage la même lamentation. En 1583, ses sœurs carmélites la voient pleurer devant le crucifix et s'écrier : « Ô Amour, tu n'es ni connu ni aimé. [...] Ô Amour, l'amour n'est pas aimé, n'est pas connu de ses propres créatures[18]. » L'amour que Thérèse de Lisieux porte à Jésus la rend « désireuse de le consoler de l'ingratitude des méchants ». Elle prie : « Ô mon Dieu, très sainte Trinité, je désire te faire aimer[19]. » En vérité, connaître l'amour de Dieu, c'est désirer ardemment que Dieu soit davantage aimé. Mais, bien sûr, l'amour ne peut pas contraindre l'amour, sinon ce ne serait plus de l'amour. L'amour ne peut qu'inviter à aimer.

Quels sont donc les obstacles en nous – ou autour de nous – qui nous empêchent de ressentir cet amour, de lui faire confiance et d'y répondre ? Un de ces obstacles pourrait être que nous sommes restés un peu « coincés » ou arrêtés à un stade primaire de la croissance de notre foi. Saint Augustin raconte l'histoire d'un jeune couple profondément amoureux. Le jeune homme offre à la jeune fille la plus belle bague du monde. Alors qu'elle est de plus en plus émerveillée et hypnotisée par la bague, son attention passe progressivement du donateur au cadeau. Cela ressemble à ce que Bernard de Clairvaux décrit comme la deuxième étape (sur quatre) de la maturité chrétienne, à savoir, aimer Dieu pour ce que nous pouvons obtenir de lui, ou aimer Dieu parce qu'il est dans notre intérêt de le faire. La troisième étape, selon Bernard, c'est d'aimer Dieu pour l'amour de Dieu. L'auteur anonyme du *Nuage de l'inconnaissance* exhorte le lecteur à plusieurs reprises à ce sujet :

> Élevez votre cœur vers Dieu avec un amour humble : et pensez à Dieu lui-même, et non à ce que vous obtenez de lui. [...] Car s'il est bon de penser à la bonté de Dieu, et de l'aimer et de le louer pour cela, il est de loin préférable de penser à lui tel qu'il est, et de l'aimer et de le louer pour lui-même[20].

QUESTION

Dans quelle mesure aimons-nous réellement Dieu pour ce qu'il est, et non pour ce que nous recevons de lui ?

Une pause pour réfléchir…

Tu es précieux à mes yeux, et honoré, et je t'aime.

Ésaïe 43.4

En vérité, celui qui te touche touche la prunelle de mes yeux.

Zacharie 2.8

L'Éternel, ton Dieu, […] se réjouira de toi dans l'allégresse, il te renouvellera dans son amour, il exultera pour toi par de grands chants.

Sophonie 3.17

… et une pause pour prier

Mon enfant, donne-moi ton cœur.

Proverbes 23.26

Voyez quel amour le Père nous a donné, pour que nous soyons appelés enfants de Dieu ; et c'est ce que nous sommes.

1 Jean 3.1

Ô mon Dieu, tu sais que pour t'aimer sur la terre,
je n'ai qu'aujourd'hui.

Sainte Thérèse de Lisieux[21]

Amour si étonnant, si divin, exige mon âme, ma vie, mon tout.

Isaac Watts[22]

Un autre obstacle pourrait être que nous vivons trop dans notre tête, et que Dieu reste alors dans le domaine des pensées ou des idées. Nous ne faisons pas de place pour Dieu à un niveau plus profond, celui de la rencontre existentielle, où « l'abîme appelle l'abîme » (Psaume 42.8). Nous n'avons peut-être pas l'habitude de faire part de nos sentiments à Dieu. Lors de ma première retraite individuelle, il y a de nombreuses années, après quelques-uns de nos rendez-vous quotidiens où je commençais invariablement à répondre aux questions par « je pense... », mon accompagnateur m'a interrompu en me disant : « Je ne suis pas intéressé par ce que tu penses, je voudrais savoir ce que tu ressens ! » Avons-nous consenti à ce que notre tête soit séparée de notre cœur, et aurions-nous choisi la tête ? Au cœur de l'enseignement orthodoxe sur la prière se trouve la guérison de cette séparation : nous devons prier « avec l'intelligence dans le cœur ». De même, l'auteur du *Nuage de l'inconnaissance* est clair : penser à Dieu ne nous mènera pas à faire l'expérience de Dieu. Penser à Dieu, à sa bonté et à son amour, c'est bien, mais il faut quelque chose de plus, l'acte d'aimer Dieu : « Par l'amour, on peut le saisir et le retenir, mais par la pensée, jamais[23]. » Origène, en pensant au dernier repas avec le disciple bien-aimé couché contre le cœur de Jésus, a écrit que nous ne pourrons jamais vraiment comprendre l'Évangile de Jean à moins de nous imaginer couchés contre le cœur de Jésus. Certains d'entre nous peuvent être plutôt réfractaires à une telle intimité. Nous avons du mal à nous confier entièrement à Dieu.

Cela nous ramène bien sûr à notre identité première, qui, pour chacun de nous, est d'être enfant de Dieu. Jésus nous appelle à devenir comme des enfants. « Il veut, écrit la mère Julienne, que nous expérimentions ce qui caractérise l'enfant qui a toujours confiance dans l'amour de sa mère, quoi qu'il arrive[24]. » Nous considérons-nous comme des enfants de Dieu, et pas seulement comme des serviteurs de Dieu ?

Notre relation avec Dieu peut-elle être celle de véritables enfants et non de l'enfantillage ? Nous sentons-nous libres de jouer, d'être spontanés ? Pouvons-nous laisser Dieu, comme le demande le pape François, nous regarder simplement dans son amour ? Ou bien notre expérience ou notre compréhension de l'Église institutionnelle a-t-elle découragé ou entravé cette liberté ? William Blake rend bien compte de cette tension entre innocence et expérience dans « The Garden of Love » :

> Je suis allé au Jardin d'Amour,
> et j'ai vu ce que je n'avais jamais vu :
> une chapelle avait été construite au milieu,
> là où j'avais l'habitude de jouer sur le gazon.
> Les portes de cette chapelle étaient fermées,
> et « interdit ! » était écrit sur la porte.
> J'ai donc regardé vers le Jardin d'Amour,
> qui contenait tant de douces fleurs.
>
> Et j'ai vu qu'il était rempli de tombeaux
> et de stèles à l'endroit même où les fleurs auraient dû se trouver
> et des prêtres en robe noire faisaient une ronde
> et liaient avec des ronces mes joies et mes désirs[25].

À cette lumière, nous pourrions nous poser quelques questions. Par exemple, notre religion nous rend-elle plus « religieux » ou plus vivants ? Notre attention, tout à fait légitime, aux objectifs de l'Église a-t-elle subtilement éclipsé notre désir de connaître davantage le Christ et de le faire connaître ?

La beauté de Dieu

Le psalmiste écrit : « J'ai demandé une chose à l'Éternel, que je désire ardemment : vivre dans la maison de l'Éternel tous les jours de ma vie, pour contempler la beauté de l'Éternel » (Psaume 27.4). L'Église, en particulier en Occident, a négligé la beauté à la fois comme attribut de Dieu mais aussi comme porte d'accès à Dieu. Nous entendons et parlons le langage de la bonté de Dieu et de la vérité de Dieu, mais nous semblons avoir oublié la beauté de Dieu. Dans l'Évangile de Jean, comme le souligne William Temple, lorsque Jésus dit : « Je suis le bon pasteur » (Jean 10.11), le mot utilisé par Jean n'est pas *agathos*, qui désigne la bonté morale, mais *kalos*, qui signifie « beau » ou « élégant ». Jésus est le beau berger. La beauté attire. Saint Augustin écrit dans ses *Confessions* : « Je t'ai aimée trop tard, beauté si ancienne et si nouvelle[26]. » La beauté de Dieu nous attire vers Dieu, qui est aussi bonté et vérité. Dostoïevski écrit, dans *L'idiot* : « La beauté sauvera le monde » et, dans une lettre à son amie Natalya Fonvizina : « Je crois que rien n'est plus beau [...] et plus parfait que le Christ[27]. »

Dans l'Église orthodoxe, la beauté de Dieu est à la fois honorée et reflétée dans le culte. En 987, le prince Vladimir de Kiev a envoyé des émissaires à Constantinople pour chercher une nouvelle religion pour son peuple. Après y avoir expérimenté la Divine Liturgie, ils ont fait ce rapport :

> Nous ne savions pas si nous étions au ciel ou sur terre. Car sur terre il n'est aucune splendeur ou beauté comparable et les mots nous manquent pour la décrire. Nous savons seulement que Dieu habite parmi ces gens-là et que leur culte est plus beau que les cérémonies des autres nations. Car nous ne pouvons pas oublier cette beauté.

Cette beauté a été la porte d'entrée de la foi chrétienne et de l'établissement de l'Église orthodoxe dans la ville russe de Kiev. Ainsi, selon le mot d'un orthodoxe : « Nous ne faisons pas de prosélytisme, nous séduisons ! »

QUESTION

Dans l'Église occidentale, n'aurions-nous pas mis l'accent sur la morale au détriment de la beauté ?

Dans le premier récit de la création, en Genèse 1, après chaque acte de création, Dieu le créateur a regardé et « il a vu que cela était bon ». Dans l'acte culminant de la création, qui est la création de l'humanité, Dieu regarde tout ce qu'il a fait « et en effet, c'était très bon » (Genèse 1.31). Le mot hébreu traduit par « bon » peut également signifier « beau ». Dans la première traduction grecque de l'Ancien Testament, la Septante, une fois de plus, le mot utilisé est *kalos*, qui signifie « beau » ou « magnifique ». La création de Dieu est belle. L'humanité est faite à l'image de Dieu, qui est beau, bien que nous ayons gâché cette beauté. Le Fils de Dieu est beau, il est « le reflet de la gloire de Dieu » (Hébreux 1.3). Le Saint-Esprit agit en nous pour nous redonner l'image de sa beauté. Irénée de Lyon décrit ainsi l'œuvre de Dieu en nous lorsque nous nous offrons à lui :

> Sa main te couvrira d'or pur et d'argent au-dedans comme au-dehors, et t'ornera de telle sorte que le Roi lui-même désirera ta beauté. Si donc tu lui offres ce qui t'appartient, c'est-à-dire la foi en lui et l'obéissance, tu recevras le fruit de son art et tu deviendras une œuvre de Dieu parfaite[28].

Nous devons laisser Dieu faire son œuvre en nous. Nous devons laisser Dieu nous aimer. La mère Julienne parle de Dieu comme du « doux regard d'amour qui ne cesse de nous regarder ». Dans la direction spirituelle ignacienne, nous sommes encouragés à nous baigner ou à nous réchauffer dans le regard aimant de Dieu, afin de nous connaître nous-mêmes et de nous sentir aimés par Dieu.

Nous n'avons pas besoin de changer pour que Dieu nous aime, mais l'expérience de l'amour de Dieu nous changera.

Une pause pour réfléchir…

Une chose que j'ai demandée au Seigneur et que je désire ardemment : vivre dans la maison du Seigneur tous les jours de ma vie, contempler la beauté du Seigneur et le célébrer dans son temple.

Psaume 27.4

Voici que Dieu vous regarde… et sourit.

Anthony de Mello SJ[29]

Quand il s'est donné lui-même à moi, il m'a rendu moi-même.

Saint Bernard de Clairvaux[30]

Trop tard je t'ai aimée, Beauté si ancienne et si nouvelle, bien tard je t'ai aimée. Voici, tu étais dedans mais moi j'étais dehors à te chercher. Tu étais avec moi mais je n'étais pas avec toi.

Saint Augustin[31]

… et une pause pour prier

Seigneur, tu es plus proche de moi que ma propre respiration,
plus proche que mes mains et mes pieds.

Sainte Thérèse d'Avila[32]

Comment allons-nous devenir beaux ?
En aimant celui qui est beau.

Saint Augustin[33]

Follement amoureux de nous

Catherine de Sienne commence l'une de ses prières par ces mots : « Trinité éternelle, toi qui es follement amoureuse de tes créatures[34] »... L'amour de Dieu est à la fois universel et profondément personnel. C'est à la fois l'amour qui met en mouvement le soleil et les étoiles, comme le dit Dante, mais aussi l'amour qui appelle chacun de nous par son nom.

Une visite à la Pennyhooks Care Farm m'a beaucoup inspiré. C'est une ferme écologique, qui respecte la création comme un cadeau à honorer et à cultiver. C'est aussi, et c'est stimulant, un lieu de travail pour des jeunes et des adultes atteints de troubles autistiques. Chaque personne est reconnue comme unique par son caractère, sa personnalité et ses dons, ainsi que par les défis particuliers qu'elle doit relever en raison de son autisme. Les responsables de la ferme, Lydia et Richard, avec leurs connaissances et leur attention, discernent exactement quels travaux agricoles et quels animaux tireront le meilleur de ce que chaque jeune peut offrir et donner, car chacun d'eux apporte une contribution unique au succès de la ferme et à la communauté dont il fait partie. Chaque jeune est, littéralement, appelé par son nom dans chaque conversation. Le respect et l'approbation qu'ils reçoivent sont personnels, comme l'amour de Dieu. On pourrait même dire que cet amour est « sur mesure », en ce sens qu'il est adapté aux particularités de chaque personne.

Jésus dit aux disciples : « Même les cheveux de votre tête sont comptés » (Matthieu 10.30). Être connu, aimé et appelé par son nom, bien sûr, fait ressortir le meilleur de chaque personne, de chacun de nous. Nous répondons à un tel amour, et chacun de nous le fait de manière unique. Lorsque je reçois des cartes d'anniversaire de mes filles, chacune d'entre elles, par le choix de la carte, par ce qu'elle y dit et par la façon dont elle l'écrit, exprimera quelque chose d'unique et de personnel.

En tant que sœurs et frères pour lesquels le Christ est mort, chacun de nous est connu, aimé et appelé par son nom. L'amour de Dieu pour nous est passionné et profondément coûteux. Dieu aspire à une réponse. Bien que cela puisse paraître une formule banale, sa demande d'une réponse (RSVP !) est écrite dans le sang du Christ versé sur la croix. Il ne suffit pas de reconnaître cela ou de le recevoir comme quelque plat spirituel tout cuit, comme les consommateurs que nos cultures occidentales nous ont encouragés à être. Nous sommes appelés à répondre à cet amour et à le faire de tout notre cœur.

Claire d'Assise écrit : « Aimez-le totalement, lui qui s'est donné totalement pour que vous l'aimiez. » Elle poursuit : « Lorsque nous répondons à l'amour de Dieu par notre amour, nous devenons ce que nous aimons, et celui que nous aimons façonne ce que nous devenons[35]. » Grégoire de Nysse écrit : « Lorsque nous nous tournons vers Dieu, nous devenons ce qu'il est lui-même[36]. » Parce que c'est le mouvement de l'Esprit en nous qui nous attire vers Dieu, vers la sainte Trinité. C'est l'amour de Dieu pour nous qui inspire notre amour pour Dieu. C'est toujours la grâce de Dieu, toujours l'initiative de Dieu. Nous l'aimons parce qu'il nous a aimés le premier. Jérémie sait que lui et nous avons besoin de Dieu pour nous tourner vers lui : « Tourne-moi et je me tournerai, car tu es l'Éternel, mon Dieu » (Jérémie 31.18). Le psalmiste implore trois fois : « Retourne-nous, ô Dieu, et fais briller ta face, et nous serons sauvés » (Psaume 80.3,7,19). Sans Dieu, nous ne pouvons rien faire. John Donne (1572-1631), poète et doyen de Saint-Paul, reconnaissant son impuissance sans Dieu, dans le langage du désir érotique, exhorte Dieu :

Emmène-moi chez toi, emprisonne-moi, car moi,
si tu ne me captives pas, je ne serai jamais libre ;
ni chaste, si tu ne me ravis pas[37].

Dieu nous crée dans l'amour ; il vient à notre rencontre dans le Christ comme amour ; et par l'Esprit saint, nous sommes recréés dans l'amour. Si nous commençons à entrevoir, à percevoir, à expérimenter cet amour et le coût de cet amour – « mon Dieu ressent comme du sang, mais moi comme du vin[38] » –, c'est que l'amour s'éveille en nous. Ceci, bien plus qu'un devoir, est une joie, une joyeuse aventure. Comme Abram et Saraï, nous partons dans la foi sans savoir où Dieu nous conduira. Nous ne pouvons pas dicter ou domestiquer les mouvements du Saint-Esprit. Comme Jésus le dit à Nicodème : « Le vent souffle où il veut, et tu en entends le bruit, mais tu ne sais pas d'où il vient ni où il va. Il en est de même pour tous ceux qui sont nés de l'Esprit » (Jean 3.8).

Cette aventure, selon les mots du père Joseph P. Whelan SJ (1907-1991), vaut la peine de sortir de son lit :

Rien n'est plus concret que de trouver Dieu,
que de tomber amoureux d'une manière tout à fait absolue
et définitive.
Ce dont vous êtes amoureux,
ce qui saisit votre imagination,
va tout affecter.
Cela déterminera ce qui vous fera sortir du lit le matin,
ce que vous ferez de vos soirées,
comment vous passerez vos week-ends,
ce que vous lirez,
qui vous rencontrerez,

ce qui vous brisera le cœur,
et ce qui vous comblera de joie et de gratitude.
Tombez amoureux, restez amoureux,
et cela décidera de tout[39].

La bonne nouvelle de l'Évangile est que nous pouvons recommencer maintenant, en tant que pécheurs pardonnés, appelés par notre nom et envoyés pour témoigner de son amour. Quelles que soient nos pensées à ce sujet, il ne suffit pas de penser. Il s'agit d'une décision. Il s'agit de choisir la vie. Les mots de l'Écriture, inspirés par Dieu, sont pour nous ici et maintenant. Ils sont bien sûr historiques, d'abord prononcés par Jésus en un certain temps et un certain lieu. Ils sont aussi au présent, c'est-à-dire qu'ils sont pour chacun de nous et pour tous. Maintenant. En cet instant même.

Jésus dit : « Le temps est accompli, et le royaume de Dieu s'est approché ; repentez-vous et croyez à la bonne nouvelle. »

Marc 1.15

QUESTION

À la question que Jésus nous a posée : « M'aimes-tu ? », Thérèse de Lisieux répond si simplement : « Ô mon Dieu, tu sais que pour t'aimer sur la terre, je n'ai qu'aujourd'hui[40]. »

Postface

Et maintenant ?

Commence par poser ce livre et fais silence, longuement, en rendant grâce pour ce qui t'a été donné dans cette lecture et pour le regard de Dieu posé sur toi avec un amour infini.

Il te contemple.

Alors fais encore silence, et s'il y a encore du bruit autour de toi, retire-toi dans un lieu silencieux et recueille-toi encore.

Si tu as lu ce livre trop rapidement, décide de le reprendre plus tard, sans trop tarder, dans un lieu le plus désert possible où tu pourras rester quelques jours, seul.

Tu sais qu'il te faudra alors suivre les indications t'invitant à des pauses pour réfléchir, méditer, prier, et n'hésite pas à faire de telles pauses, même quand ce n'est pas indiqué

Tu n'as pas besoin de prévoir un voyage dans le Sinaï, il y a des déserts à quelques kilomètres de chez toi, des lieux de silence et de beauté, avec ta Bible et ce livre dans ton sac de voyage... Laisse ton portable et préviens ton entourage que tu n'es pas joignable pendant quelques jours en les invitant à prier pour toi. C'est indispensable d'être seul, pour que Dieu remplisse ton cœur.

Que ton silence ouvre la porte à Dieu, lui aussi fait silence pour t'écouter. Alors cet échange de silence sera communion profonde, où chaque mot prononcé par toi et par lui sera béni.

Qu'il te bénisse dès maintenant et te conduise.

Daniel Bourguet

Illustrations

Page 18 : « Moïse face au buisson ardent », icône du XIIe-XIIIe siècle, monastère Sainte-Catherine, Sinaï, Égypte. Copyright de la photographie : Jim Forest.

Page 23 : Stanley Spencer, « Christ dans le désert : considérez les lys » (1939). Huile sur toile, State Art Collection, Art Gallery de l'Australie occidentale. Œuvre acquise en 1983.

Page 42 : Atelier iconographique du monastère de Bose, Italie, « Sainte Anne ». Cathédrale de Fasas, Égypte. Tempera à l'œuf sur bois. Reproduit avec l'autorisation du monastère de Bose.

Page 46 : Pasteur Dr P. Solomon Raj, « Le retour » (1987). Batik. Toutes les œuvres de Solomon Raj sont reproduites avec l'autorisation de son fils, Pulidindi Augustine Jyothi Raj.

Page 72 : Atelier iconographique du monastère de Bose, Italie, « Le Christ lave les pieds des disciples ». Style byzantin. Tempera à l'œuf sur carton. Reproduit avec l'autorisation du monastère de Bose.

Page 102 : Pasteur Dr P. Solomon Raj, « L'envoi » (1987). Batik. Toutes les œuvres de Solomon Raj sont reproduites avec l'autorisation de son fils, Pulidindi Augustine Jyothi Raj.

Page 103 : Sœur Lara Sacco, « La Vierge du signe » (2018). Monastère de Bose, Italie. Reproduit avec autorisation.

Page 109 : Atelier iconographique du monastère de Bose, Italie, « L'hospitalité d'Abraham et Sarah ». Style copte. Tempera à l'œuf sur carton. Reproduit avec l'autorisation du monastère de Bose.

Page 111 : Andreï Roublev, « La Trinité » (1425). La peinture est dans le domaine public en raison de son ancienneté.

Page 115 : Pasteur Dr P. Solomon Raj, « Derrière les barbelés » (1986). Gravure sur bois. Toutes les œuvres de Solomon Raj sont reproduites avec l'autorisation de son fils, Pulidindi Augustine Jyothi Raj.

Page 121 : Pasteur Dr P. Solomon Raj, « L'envoi » (1987). Batik. Toutes les œuvres de Solomon Raj sont reproduites avec l'autorisation de son fils, Pulidindi Augustine Jyothi Raj.

Page 132 : Pasteur Dr P. Solomon Raj, « Évangélisation et miséricorde » (1982). Batik. Toutes les œuvres de Solomon Raj sont reproduites avec l'autorisation de son fils, Pulidindi Augustine Jyothi Raj.

Page 147 : Détail du parvis du sanctuaire national Ta' Pinu (2017), centre Aletti, dirigé par le père Marko Rupnik SJ. Ces « mystères du Rosaire » se trouvent au sanctuaire de Gozo, Malte. Reproduit avec autorisation.

Page 160 : Cette icône représentant le Christ asiatique a été offerte au monastère bénédictin de Rostrevor, dans le comté de Down, en Irlande du Nord. Reproduit avec l'autorisation du monastère de Sainte-Croix.

Notes

Chapitre 1 – Se tourner pour regarder et voir

1 Holy Transfiguration Monastery (trad.), *The Ascetical Homilies of Saint Isaac the Syrian*, Holy Transfiguration Monastery, 2011, p. 467 ; Isaac le Syrien, *Discours ascétiques*, Paris, Cerf, 2019.
(L'éditeur remercie la bibliothécaire spécialisée Michèle Behr, malheureusement décédée avant la parution de cet ouvrage, pour sa recherche bibliographique d'éditions en français des œuvres citées par l'auteur ; ces éditions, lorsqu'elles existent, seront simplement indiquées à la suite des références en anglais données par l'auteur.)

2 Saint Ignace d'Antioche, *L'épître aux Éphésiens*.

3 Evelyn Underhill, *The Spiritual Life*, Morehouse Publishing, 2008, p. 20.

4 Saint Augustin, *Les confessions*, Paris, Gallimard, 1998, livre X, chapitre XXVII.

5 Maître Eckhart, *Mysticisme*, chapitre 6.

6 Ronald Stuart Thomas, *Collected Poems : 1945-1990*, Phoenix, 2004, p. 302. Utilisé avec permission.

7 Kallistos Ware, *The Power of the Name*, Oxford Fairacres, 2013.

8 William H. Davies, *Collected Poems*, Alfred A. Knopf, 1916, p. 18.

9 Ronald de Leeuw (éd.), *The Letters of Vincent van Gogh*, Penguin Books, 1997, p. 6.

10 Elizabeth Barrett Browning (éd. Kerry McSweeney), *Aurora Leigh*, Oxford University Press, 2008, p. 246.

11 Thomas, *Collected Poems : 1945-1990*, p. 302. Utilisé avec permission.

12 G.M. Hopkins, *Poems and Prose*, Penguin, 1985, p. 27.

13 Esther de Waal, *Seeking God*, Fount, 1984, p. 65 ; Esther de Waal, *La voie du chrétien dans le monde : le chemin de saint Benoît*, trad. par les moniales du Bec-Hellouin, Paris, Cerf, 2010.

14 St Neilus of Ankara, *Exhortation to Monks*, paragraphe 79, 1236B.

15 Julienne de Norwich, *Révélations de l'amour de Dieu*, trad. par un bénédictin de

Farnborough, Paris, H. Oudin, 1910, chapitre 22.

[16] Robert Llewelyn (éd.), *The Joy of the Saints*, Darton, Longman and Todd, 1988, p. 4.

[17] William Blake, *The Marriage of Heaven and Hell*, Dover Publications, 1994, p. 36.

[18] Thomas Stearns Eliot, *Collected Poems 1909-1962*, Faber and Faber, 1974, p. 178 ; utilisé avec permission ; *Poésie*, trad. Pierre Leyris, Paris, Seuil, 2006.

[19] W.H. Auden, *Collected Poems*, Faber and Faber, 1994, p. 533. Reproduit avec la permission de Curtis Brown.

[20] Joseph Conrad, *Lord Jim*, Penguin, 2007, p. 63 ; *Œuvres*, dir. Sylvère Monod, vol. 1 avec la collaboration d'André Bordeaux, Henriette Bordenave, Pierre Coustillas [*et al.*], Bibliothèque de la Pléiade 299, Paris, Gallimard, 1982.

[21] Auden, *Collected Poems*, p. 249. Reproduit avec la permission de Curtis Brown.

[22] Basil Hume, *The Intentional Life*, Paraclete Press, 2003, p. 22.

[23] Blaise Pascal, *Pensées*, Penguin Books, 1966, p. 67 ; *Pensées*, éd. Michel Le Guern, Folio 936 & 937, Paris, Gallimard, 1977.

[24] John Greenleaf Whittier, « Dear Lord and Father of mankind », 1872.

Chapitre 2 – Se tourner vers le Christ : la repentance

[1] St John Climacus, *The Ladder of Divine Ascent*, trad. archimandrite Lazarus Moore, Harper & Brothers, 1959, p. 49 ; saint Jean Climaque, *L'échelle sainte*, trad. Placide Deseille, Spiritualité orientale série monachisme primitif 24, Paris/Bégrolles-en-Mauges, Cerf/Abbaye de Bellefontaine, 2019.

[2] Aleksandr Solzhenitsyn, *The Gulag Archipelago 1918–1956*, Harvill Press, 2003, p. 312 ; Alexandre Soljénitsyne, *L'archipel du Goulag : 1918-1956*, essai d'investigation littéraire, Paris, Seuil, 1974.

[3] Citée dans Llewelyn, *The Joy of the Saints*, p. 254.

[4] Simone Weil, *Waiting for God*, Putnam, 2009, p. 7 ; *Attente de Dieu*, Paris, Fayard,1984.

[5] William Shakespeare, *Measure for Measure*, acte II, scène II ; *Mesure pour mesure*, Éditions bilingues, Paris, Montaigne, 1978.

[6] John Chrysostom, *Homilies on the Gospel of Saint Matthew*, éd. S. Zincone, Rome, 2003, p. 371 ; saint Jean Chrysostome, *Homélies sur l'Évangile selon*

saint Matthieu, Namur, Soleil levant, 1961.

7 *The Ascetical Homilies of Saint Isaac the Syrian*, p. 387.

8 *The Ascetical Homilies of Saint Isaac the Syrian*, p. 387.

9 John Wesley, *The Principles of a Methodist Farther Explain'd*, W. Strahan, 1746, p. 69.

10 John Griffiths (éd.), *Book of Homilies*, Regent College Publishing, 2008, p. 525.

11 St John Climacus, *The Ladder of Divine Ascent*, p. 29.

12 *The Ascetical Homilies of Saint Isaac the Syrian*, p. 357.

13 Cité par Arthur Skevington Wood (éd.), *Gift of Love : Daily readings (Enfolded in love)*, Darton, Longman and Todd, 1987, p. xii.

14 Cité dans Wood, *Gift of Love*, p. x.

15 Cité dans Pseudo-Macarius, *The Fifty Spiritual Homilies and the Great Letter*, trad. George A. Maloney, Paulist Press, 1992, p. xi ; Pseudo-Macaire, *Les homélies spirituelles de saint Macaire : le Saint-Esprit et le chrétien*, trad. Placide Deseille, Spiritualité orientale, Bégrolles-en-Mauges, Abbaye de Bellefontaine, 1984.

16 Pseudo-Macarius, *The Fifty Spiritual Homilies*, p. 89.

17 Richard Hooker, *Laws of Ecclesiastical Polity*, in John Keble (éd.), *Works*, Clarendon Press, 1876, p. 200. Disponible sur anglicanhistory.org/hooker/5/5.200-209.pdf.

18 Julienne de Norwich, *Révélations de l'amour de Dieu*, chapitre 52.

19 Pope John XXIII, *Journal of a Soul*, Geoffrey Chapman, 2000, p. 450 ; Jean XXIII, *Journal de l'âme : dans le secret des jours d'un pape*, Paris, Cerf, 2014.

20 Henry Bull, *Prayer and Meditations*, Parker Society, 1842, p. xix.

21 Cité dans *Bulletin of Spiritual Edification*, 10 mars 2013, patriarcat œcuménique, archevêché orthodoxe grec de Thyatire et de Grande-Bretagne.

22 H.G.C. Moule, *Charles Simeon*, Inter-Varsity Press, 1956, p. 133-134.

23 «The Revival» d'Henry Vaughan (1621-1695), disponible sur bartleby.com/library/poem/5403.html.

24 Julienne de Norwich, *Révélations de l'amour de Dieu*, chapitre 72.

25 Anonymous, *The Cloud of Unknowing*, Penguin, 1982, p. 100 ; Anonyme, *Le nuage de l'inconnaissance*, trad. Alain Sainte-Marie, Sagesses chrétiennes, Paris, Cerf, 2004.

26 Elder Paisios of Mount Athos, *Epistles*, Holy Monastery of the Evangelist John the Theologian, 2002, p. 150.

[27] «To a Louse» in James Barke (éd.), *Poems and Songs of Robert Burns*, Fletcher & Son, 1977, p. 138.

[28] Archimandrite Aimilianos of Simonopetra, *The Way of the Spirit*, Indeiktos, 2009, p. 25-26.

[29] Dorotheus of Gaza, *Discourses and Sayings*, Cistercian Publications, 2008, p. 98.

[30] Jean-Pierre de Caussade, *Abandonment to Divine Providence*, Catholic Way Publishing, 2013, p. 406 ; *L'abandon à la providence divine*, Perpignan, Artège, 2021.

[31] St Francis de Sales, *Introduction to the Devout Life*, Catholic Way Publishing, 2015, p. 20 ; saint François de Sales, *Introduction à la vie dévote*, éd. Didier-Marie Proton, Paris, Cerf, 2007.

[32] Thomas Merton, *Conjectures of a Guilty Bystander*, Sheldon Press, 1977, p. 93 ; *Réflexions d'un spectateur coupable*, Paris, Albin Michel, 1970.

[33] Citée dans Llewelyn, *The Joy of the Saints*, p. 197.

[34] Benedicta Ward (trad.), *Prayers and Meditations of St Anselm*, Penguin, 1973, p. 93-94 ; *Saint Anselme, Méditations et prières*, Paris, Lethielleux/Desclée, 1923.

[35] Thomas Traherne, *Centuries of Meditations*, Cosimo, 2007, Cent. 51, Cent. 45.

[36] Saint Augustin, *Les confessions*, livre I, chapitre I.

[37] Cité dans Robert Atwell, *Celebrating the Saints*, SCM Press, 2004, p. 319.

[38] St Gregory of Nazianzus, *Festal Orations*, éd. Verna E.F. Harrison, SVS Press, 2008, p. 123.

[39] Cité dans Simon Tugwell, *Ways of Imperfection*, Templegate, 1985, p. 98.

[40] *Prayers and Meditations of St Anselm*, p. 93-94.

Chapitre 3 – Se tourner vers l'amour : l'un pour l'autre

[1] Tertullien, *Apologétique*, trad. Jean-Pierre Waltzing avec la collaboration d'Albert Severyns, Paris, Belles Lettres, 1971, chapitre 39.7.

[2] Tertullien, *Apologétique*, chapitre 50.13.

[3] Teresa of Ávila, *The Way of Perfection*, Sheed and Ward, 1999, p. 157 ; Thérèse d'Avila, *Le chemin de la perfection*, trad. Grégoire de Saint-Joseph, Paris, Seuil, 1996.

[4] Lesslie Newbigin, *The Gospel in a Pluralist Society*, Eerdmans, 1989, p. 227.

[5] Dorotheus of Gaza, *On Refusal to Judge our Neighbour*, instruction VI.

[6] Michael Ramsey, allocution donnée à la Fellowship of St Alban and St Sergius, 1960.

[7] Cité par Kallistos de Diokleia, à la XXIIIe Convention œcuménique internationale de la spiritualité orthodoxe, *Mercy and Forgiveness*, Bose, septembre 2015.

[8] Dietrich Bonhoeffer, *Life Together*, Harper, 2008, p. 86 ; *De la vie communautaire*, dans *Œuvres de Dietrich Bonhoeffer*, vol. 5, dir. Henry Mottu, Genève, Labor et fides, 2007.

[9] Cité dans Brennan Manning, *Ragamuffin Gospel*, Multnomah Books, 2005, p. 25.

[10] Aristide, *Apologie*, trad. Bernard Pouderon, Sources chrétiennes 470, Paris, Cerf, 2003, chapitre 16.

[11] Cité par Kallistos de Diokleia, à la XXIIIe Convention œcuménique internationale.

[12] Eric P. Wheeler, *Dorotheos of Gaza : Discourses and sayings*, Cistercian Publications, 1977, p. 219.

[13] Leo Tolstoy, *Anna Karenina*, Penguin Books, 2006, p. 418 ; Léon Tolstoï, *Anna Karénine*, Paris,Pocket, 2012.

[14] *The Ascetical Homilies of Saint Isaac the Syrian*, p. 64.

[15] John Behr, *Asceticism and Anthropology in Irenaeus and Clement*, Oxford University Press, 2007, p. 117.

[16] Cité dans Robert Llewelyn, *Our Duty and Our Joy*, Darton, Longman and Todd, 1993, p. 6.

[17] George Herbert, « King of Glory, King of Peace », 1633.

[18] *The Cloud of Unknowing*, p. 61.

[19] George Herbert, *The Complete English Poems*, Penguin, 2004, p. 115-116.

[20] Behr, *Asceticism and Anthropology*, p. 117.

[21] Cité dans Llewelyn, *Our Duty and Our Joy*, p. 6.

[22] Samuel Taylor Coleridge, *Aids to Reflection*, « Moral and religious aphorisms », aphorism 25.

[23] Søren Kierkegaard, *Papers and Journals : A selection*, éd. Alastair Hannay, Penguin, 1996, p. 609 ; *Journaux et cahiers de notes*, Paris, Fayard/Orante, 1963-2013.

[24] *The Cloud of Unknowing*, p. 60.

[25] J'ai lu ceci sur un dépliant de la communauté de Wantage, il y a de nombreuses

années.

[26] *The Cloud of Unknowing*, p. 60.

[27] George MacDonald, *Unspoken Sermons : Second series*, Cosimo, 2007, p. 211.

[28] *La règle de saint Benoît*, trad. Adalbert de Vogüé, Sources chrétiennes 181-186, Série des textes monastiques d'Occident 34-39, Paris, Cerf, 1971-1972, chapitre 53.

[29] Paul Tillich, *The Shaking of the Foundations*, Scribner's, 1948, p. 161-162 ; *Les fondations sont ébranlées*, Le Revest-Saint-Martin, Morel, 1967.

[30] Gerard Manley Hopkins, *Poems and Prose*, Penguin, 1985, p. 51 ; *Poèmes et proses : poésie*, Paris, Points, 2007.

Chapitre 4 – Se tourner vers l'extérieur : amoureux du monde de Dieu

[1] « On Love of the Poor », cité dans Olivier Clément, *The Roots of Christian Mysticism*, New City, 1993, p. 295 ; *Sources : les mystiques chrétiens des origines*, Paris, DDB, 2008.

[2] Olivier Clément, *On Human Being*, New City, 2000, p. 37 ; *Questions sur l'homme*, Paris, Stock, 1972.

[3] F. Brown, S. Driver and C. Briggs, *The Brown-Driver-Briggs Hebrew and English Lexicon*, Hendrickson, 1991.

[4] Miroslav Volf, « A theology of embrace for a world of exclusion », in *Explorations in Reconciliation*, Ashgate, 2006, p. 27.

[5] Colin E. Gunton, *The Actuality of Atonement*, T&T Clark, 1988, p. 182.

[6] John Chrysostom, « Second letter to the Corinthians, Homily 13.1-2 », in *From the Fathers to the Churches*, Collins, 1983, p. 213.

[7] Martin Smith (éd.), *Benson of Cowley*, Oxford University Press, 1980, p. 107.

[8] John Paul II, « Address to the Symposium of the Council of the European Bishops' Conference », 11 octobre 1985.

[9] Cette citation est souvent attribuée à Richard Hooker, bien que sa provenance soit incertaine.

[10] Julien l'Apostat, *Lettres*, Paris, Belles Lettres, 2008, lettre 22.

[11] Teresa of Ávila, *The Way of Perfection*, p. 85.

[12] World Council of Churches, « Christian unity for peace », disponible sur archive.wfn.org/2004/01/msg00169.html.

[13] John Donne, *Devotions upon Emergent Occasions*, Vintage, 1999, p. 103.

[14] St Gregory of Nyssa, *That There Are Not Three Gods*, p. 45, 117.

[15] Cité dans Alexis Torrance, *Individuality in Late Antiquity*, Routledge, 2016, p. 114.

[16] Derwas Chitty (éd.), *Letters of St Anthony the Great*, SLG Press, 1975, p. 20-21.

[17] William Tyndale, *Love's Redeeming Work*, Oxford University Press, 2003, p. 36.

[18] Matthew Arnold, *Culture and Anarchy : An essay in political and social criticism*, éd. J. Dover Wilson, Cambridge University Press, 1932, p. 4 ; *Culture et anarchie : essai de critique politique et sociale*, dir. Jean-Louis Chevalier, Lausanne/Paris, L'Âge d'homme, 1984.

[19] Archimandrite Sophrony, *St Silouan the Athonite*, St Vladimir's Seminary Press, 1999, p. 371 ; archimandrite Sophroni, *Saint Silouane l'athonite : 1866-1938 : vie, doctrine, écrits*, trad. par l'archimandrite Syméon, Patrimoines orthodoxie, Paris, Cerf, 2010.

[20] Kallistos of Diokleia, *Salvation According to St Silouan*, Sobornost 19.1, p. 46.

[21] «Account by Reverend H. Stirling Gahan on the Execution of Edith Cavell», *Source Records of the Great War*, vol. III, éd. Charles F. Horne, National Alumni 1923, disponible sur firstworldwar.com/source/cavell_gahan.htm.

[22] Chris Moorey, *Crowns of Barbed Wire*, CreateSpace Independent Publishing Platform, 2014, p. 123.

[23] Cité dans Paul Harris (éd.), *The Fire of Silence and Stillness*, Darton, Longman and Todd, 1995, p. 17.

[24] John Milton, *Areopagitica*, p. 18, disponible sur archive.org/stream/areopagitica01miltgoog#page/n70/mode/2up/search/sallies ; Écrits politiques : 1642-1660, trad. Renée et André Guillaume, Lausanne/Paris, L'Âge d'homme, 2007.

[25] Tugwell, *Ways of Imperfection*, p. 134.

[26] Cité dans Bonhoeffer, *Life Together*, p. 17-18.

[27] Sophrony, *St Silouan the Athonite*, p. 114.

[28] Rosemary Edmonds (trad.), *Saint Silouan the Athonite*, Patriarchal and Stavropegic Monastery of St John the Baptist, 1991, p. 352.

[29] St Nikolaj Velimirović, «Prayers by the Lake LXXV», in Bishop Artemije (éd.), *Treasures New and Old : Wce serairitings about St Nikolai Velimirovich*, Sebastien Press, 2010, p. 165.

[30] The Very Reverend Richard Howard, Provost of Coventry, «Christmas Day Sermon

on the BBC», 1940.

[31] Le testament spirituel de Dom Christian Marie de Chergé.

[32] Jon Stallworthy (éd.), *The Poems of Wilfred Owen*, Chatto and Windus, 1990, p. 126.

[33] Charles Edwin Markham, « Outwitted », in *The Shoes of Happiness and Other Poems*, disponible sur theotherpages.org/poems/mark01.html.

[34] Hans Urs von Balthasar, *Dare We Hope That All Men Be Saved ?*, Ignatius Press, 2014, p. 38 ; *Espérer pour tous*, trad. Henri Rochais et Jean-Louis Schlegel, Paris, Desclée de Brouwer, 1987.

Chapitre 5 – Se tourner vers la croix

[1] Hans Urs von Balthasar, *Unless You Become Like This Child*, Ignatius Press, 1992, p. 57 ; *Si vous ne devenez comme cet enfant*, trad. Jean-Louis Schlegel, Paris, Desclée de Brouwer, 1989.

[2] Rainer Maria Rilke, *Selected Poems*, trad. Robert Bly, Harper Perennial, 1981, p. 141 ; *Rimes, rythmes : poèmes choisis*, trad. en vers Claude Neuman, Cœuvres-et-Valsery, Ressouvenances, 2018.

[3] Dietrich Bonhoeffer, *The Cost of Discipleship*, SCM, 1959, p. 79 ; *Vivre en disciple : le prix de la grâce*, dir. Henry Mottu, Genève, Labor et fides, 2009.

[4] Michael Ramsey, *The Christian Priest Today*, SPCK, 1972, p. 90.

[5] Archbishop Anastasios, *Mission in Christ's Way*, WCC Publications, 2010, p. 152.

[6] Julienne de Norwich, *Révélations de l'amour de Dieu*, chapitre 68.

[7] Kosuke Koyama, *No Handle on the Cross*, SCM-Canterbury Press, 1976, p. 29.

[8] Cité dans Richard Rohr, *Adam's Return*, The Crossroad Publishing Company, 2004, p. 69.

[9] Sebastian Brock (trad.), *The Wisdom of Saint Isaac the Syrian*, SLG Press Convent of the Incarnation, 1997, p. 15.

[10] Jean Vanier, *Drawn into the Mystery of Jesus through the Gospel of John*, Darton, Longman and Todd, 2004, p. 301 ; *Entrer dans le mystère de Jésus : une lecture de l'Évangile de Jean*, Paris, Salvator, 2013.

[11] Cité dans Benedicta Ward, *The Sayings of the Desert Fathers*, Mowbrays, 1983, p. 90, apophtegme 336 de la collection alphabétique ; *Les sentences des Pères du désert*, 4 vol., trad. Dom Lucien Regnault, Éditions de Solesmes, 1981 et

1985.

12 Bonhoeffer, *The Cost of Discipleship*, p. 44.

13 Auden, *Collected Poems*, p. 353. Reproduit avec la permission de Curtis Brown.

14 Chandran Devanesen, « O tree of Calvary », reproduit avec l'aimable permission de Dayalan Devanesen.

15 C.S. Lewis, *The Magician's Nephew*, Harper Collins, 2001, p. 160 ; *Le neveu du magicien*, trad. Cécile Dutheil de la Rochère, Paris, Gallimard jeunesse, 2018.

16 Lewis, *The Magician's Nephew*, p. 169.

17 John Henry Newman, « Lead, kindly light », 1833.

18 Cité dans M. Greene et C. Butcher, *The Servant Queen and the King She Serves*, The Bible Society, 2016, p. 10-11.

19 Les mosaïques sont faites par le centre Aletti, dirigé par le père Marko Rupnik SJ. Ces « Mystères du rosaire » se trouvent sur le parvis du sanctuaire national Ta' Pinu, à Gozo (Malte).

20 Cité dans Llewelyn, *Our Duty and Our Joy*, p. 22.

21 George Matheson, « O love that wilt not let me go », 1882.

22 Cité dans R.C. Sproul, *Developing Christian Character Study Guide*, Ligonier Ministries, 1998, p. 67.

23 Citée dans Thomas Keating, *Fruits and Gifts of the Spirit*, Lantern Books, 2007, p. 1.

24 *St Benedict's Rule*, Ampleforth Abbey Press, 1997, p. 6 ; *La règle de saint Benoît*, trad. Adalbert de Vogüé, Sources chrétiennes 181-186, Série des textes monastiques d'Occident 34-39, Paris, Cerf, 1971-1972.

25 Eugene Peterson, *A Long Obedience in the Same Direction : Discipleship in an instant society*, IVP, 2000 ; *Méditations sur les Psaumes des montées*, trad. Jonathan Hanley, Marne-la-Vallée, Farel, 2011.

26 Cité dans Olivia Warburton, *Hear our Prayer*, Lion, 2005, p. 15.

Chapitre 6 – Retournés par l'amour : « l'amour met en mouvement le soleil et les étoiles »

1 Alighieri Dante, *The Divine Comedy 3*, Paradise, Canto xxxiii, l.145, Penguin Classics, 1991, p. 347 ; *Paradis : la divine comédie*, trad. Danièle Robert, Arles, Actes Sud, 2020.

2 St Isaac the Syrian, *Chapters on Knowledge*, IV, 79 ; Isaac le Syrien, *Œuvres spirituelles*, Paris, Desclée de Brouwer, 1981.

3 À ceux qui pourraient ergoter à propos de cet usage du mot « hérésie », d'habitude réservé à la description d'une croyance ou d'une opinion divergeant de l'orthodoxie reconnue, il aurait répondu que c'est l'amour de Dieu, la sainte Trinité, qui est la prémisse et le contenu fondamental de toute la doctrine chrétienne.

4 *Cathechism of the Catholic Church*, Burns & Oates, 2000, p. 233.

5 Eliot, *Collected Poems 1909-1962*, p. 205 ; utilisé avec permission.

6 Francis de Sales, *Introduction to the Devout Life*, SPCK, 2017, p. 71 ; saint François de Sales, *Introduction à la vie dévote*, éd. Didier-Marie Proton, Paris, Cerf, 2007.

7 Archbishop Anastasios, *Mission in Christ's Way*, p. 221.

8 Cité dans Eamon Duffy (éd.), *The Heart in Pilgrimage*, Bloomsbury, 2014, p. 273.

9 Sainte Thérèse de Lisieux, *Story of a Soul*, ICS Publications, 1996, p. 189 ; Thérèse de l'Enfant Jésus, *Histoire d'une âme : manuscrits autobiographiques*, Paris, Cerf/DDB, 1996.

10 Herbert, *The Complete English Poems*, p. 178.

11 Weil, *Waiting for God*, p. 27.

12 Saint Jean de la Croix, *La vive flamme d'amour*, trad. mère Marie du Saint-Sacrement, Paris, Cerf, 1984, strophe 3, verset 28.

13 Gregory of Nazianzus, *Festal Orations*, p. 123.

14 Sainte Thérèse de Lisieux, *Story of a Soul*, p. 189.

15 Sainte Thérèse de Lisieux, *Story of a Soul*, p. 189.

16 St Teresa, *The Interior Castle*, trad. John Dalton, Jones, 1852, p. 199 ; sainte Thérèse d'Avila, *Le château intérieur*, Paris, Cerf, 2020.

17 Un épisode décrit dans *François d'Assise vu par les compagnons : du commencement de l'Ordre – Légende des trois compagnons*, trad. Jacques Dalarun, Paris, Cerf/Éditions franciscaines, 2009, section 1,413.

18 Disponible sur catholicireland.net/saintoftheday/st-mary-magdalen-dei-pazzi-1566-1607.

19 Sainte Thérèse de Lisieux, « Act of oblation to merciful love », appendice de *Story of a Soul*, p. 276.

20 *The Cloud of Unknowing*, p. 61, 67.

21 Duffy, *The Heart in Pilgrimage*, p. 456.

22 Isaac Watts, « When I survey the wondrous cross », 1707.

23 *The Cloud of Unknowing*, p. 68.

24 Julienne de Norwich, *Révélations de l'amour de Dieu*, chapitre 173.

25 William Blake, *The complete poems*, éd. Alicia Ostriker, Penguin, 1977, p. 127.

26 Saint Augustin, *Les confessions*, livre X, chapitre XXVII.

27 K. Mochulsky et M.A. Minihan, *Dostoyevsky : His life and work*, Princeton University Press, 1973, p. 152 ; Constantin Motchoulski, *Dostoïevski : l'homme et l'œuvre*, trad. Gustave Welter, Paris, Payot, 1962.

28 Behr, *Asceticism and Anthropology*, p. 117.

29 Cité dans Michael Harter (éd.), *Hearts on Fire*, Loyola Press, 2014, p. 8.

30 Maureen McCabe, *I Am the Way : Stages of prayer in Saint Bernard*, Cistercian Publications, 2012, p. 45.

31 Saint Augustin, *Les confessions*, livre X, chapitre XXVII.

32 Cité dans Jeanie Gushee et David Gushee, *Yours Is the Day, Yours is the Night*, Thomas Nelson, 2012, p. 210.

33 Saint Augustin, *Homily IX*, in *The Nicene and Post-Nicene Fathers*, vol. VII, Eerdman, 1983, p. 518.

34 Citée dans Duffy, *The Heart in Pilgrimage*, p. 215.

35 Claire Marie Ledoux, *Initiation à Claire d'Assise : sa vision de l'homme et du Christ dans ses lettres à Agnès de Prague*, Paris/Montréal, Cerf/Médiaspaul, 1997, « Épiphanie », 3e lettre.

36 Clément, *The Roots of Christian Mysticism*, p. 79.

37 A. Smith (éd.), *The Complete English Poems*, Penguin, 1996, p. 315.

38 Herbert, *The Complete English Poems*, p. 34.

39 Father Joseph P. Whelan SJ, *Talk to the Communities*, Maryland Province, 1981-1982 ; reproduit avec l'aimable autorisation de la Corporation of Roman Catholic Clergymen. (Souvent attribué à tort au père Pedro Arrupe SJ.)

40 St Thérèse of Lisieux, « Act of oblation to merciful love », appendice de *Story of a Soul*, p. 276.

Table des matières

Édition
Éditions Olivétan – Lyon (France)
https ://www.editions-olivetan.com

Mise en pages et couverture
Marielle Pfender – La Rochelle (France)
studio@mp-infographie.com

Impression et reliure
IMEAF – La Bégude-de-Mazenc (France)
www.imeaf.com

Imprimé en France

Numéro d'impression : 20220073